Mentalidad Resiliente

Una guía práctica para desarrollar fuerza interior y enfrentar la adversidad cuando las cosas se ponen difíciles

LETICIA CABALLERO

Nota legal

El siguiente documento se reproduce a continuación con el objetivo de proporcionar información lo más precisa y confiable posible.

Esta declaración se considera justa y válida tanto por el Colegio de Abogados de los Estados Unidos como por el Comité de la Asociación de Editores y es legalmente vinculante en todo Estados Unidos.

Además, la transmisión, duplicación o reproducción de cualquier parte del siguiente trabajo, incluida la información específica, se considerará un acto ilegal, independientemente de si se realiza de forma electrónica o impresa. Esto se extiende a la creación de una copia secundaria o terciaria del trabajo o una copia grabada y solo se permite con un consentimiento expreso por escrito del editor. Todos los derechos reservados.

La información en las siguientes páginas se considera en general como una descripción veraz y precisa de los hechos y, como tal, cualquier falta de atención, uso o mal uso de los datos en cuestión por parte del lector, hará que las acciones resultantes sean únicamente de su competencia. No hay escenarios en los que el editor o el autor original de este trabajo puedan ser considerados responsables de cualquier dificultad o daño que pueda ocurrirle al lector tras analizar la información aquí descrita.

Además, la información en las siguientes páginas está destinada únicamente a fines informativos y, por lo tanto, debe considerarse como universal. Como corresponde a su naturaleza, la información presentada no garantiza su validez ni su calidad provisional. Las menciones a marcas comerciales se realizan sin consentimiento por escrito y de ninguna manera puede considerarse que hay un respaldo del titular de la marca comercial.

Índice

Introducción

Cuando nos pasa algo difícil o doloroso, nos topamos con el pensamiento recurrente de que la vida no es fácil. Crecemos escuchando historias sobre personas que vencen la adversidad y hacen grandes cosas. Desde chicos vemos películas de héroes que superan dificultades, admiramos a deportistas y artistas, nos maravillamos frente a videos de personas que se superan, emprendedores que llegan a millonarios partiendo de situaciones de pobreza o fracaso comercial, personas con discapacidades que prevalecen por sobre sus limitaciones y supervivientes que se convierten en oradores y cuentan su historia de superación.

¿Qué nos fascina de esas historias? La verdad que transmiten: la vida no es fácil. Tarde o temprano, grandes o pequeños, todos nos encontramos con dificultades no previstas. Un fracaso académico, el fallecimiento de un ser querido, una enfermedad debilitante, una pérdida amorosa o laboral, nadie tiene la seguridad comprada.

Es probable que, alguna vez, la vida te haya golpeado. Incluso, en muchas oportunidades, más duro de lo que quisieras. Es en ese momento en que sientes que el peso de la existencia se viene encima, levantarse parece muy difícil y las emociones se agolpan o se encapsulan, y es posible que sientas mucho al mismo tiempo, que sientas muchos sentimientos encontrados, o un gran vacío en medio del pecho.

Este libro es un acompañamiento para esos momentos, una guía práctica para fortalecer tu resiliencia y superar esos momentos.

No se pueden elegir las pruebas que la vida nos pone en el camino, pero para citar a Marcel Proust: "aunque nada cambie, si yo cambio, todo cambia" y en este libro quiero brindarte todas las herramientas que llevo años desarrollando, para superar las pruebas de la vida y ayudar a otros a enfrentarlas mejor. Ser resiliente es algo necesario para la supervivencia y la superación, sin una buena dosis de resiliencia el ser humano no lograría nada ni individual ni colectivamente. Nos habríamos quedado en la cueva ante el primer cruce con un depredador en el exterior.

Quiero invitarte a adquirir herramientas para hacer del mundo tu hogar, ganar seguridad y tranquilidad, abandonar el miedo y el sufrimiento, y convertirte en la persona que siempre deseaste ser, incluso en las situaciones más adversas y sobre todo en momentos de dolor y necesidad.

En las próximas páginas te hablaré de la resiliencia como herramienta, veremos qué es y sus beneficios, trabajaremos juntos para implementar estos cambios y descubrir la importancia de mutar a una mentalidad resiliente. Trabajaremos la adversidad en sus diferentes tipos y la forma de canalizar la adversidad en resiliencia. Como quiero ser clara y que este sea un libro al alcance de todo el mundo —no solo de psicólogos y académicos, como otros libros sobre el tema—, veremos ejemplos simples e increíbles historias de resiliencia de personas normales como tú y como yo, porque no es necesario tener un superpoder para superar la adversidad.

Te guiaré en los pasos básicos para cultivar una fuerza interna que te sorprenderá y trabajaremos diferentes técnicas que sirven para fortalecerse en la adversidad. La fuerza de superación está en ti, este libro busca servirte de guía para que puedas descubrirla. Estas páginas contienen lo que me hubiera gustado saber en mis momentos más oscuros y que me tomó años de investigación y formación descubrir.

Tendremos un capítulo específico para potenciar los pensamientos resilientes, su influencia en la salud física y mental, y la importancia de las conexiones socio-afectivas. Siempre fui de la idea de que, en momentos de dificultad, hay que simplificar el mundo, no buscar más complicaciones. Por eso, te traeré ejercicios simples y sencillos para avanzar y hacer tus pasos más ligeros en la adversidad.

Otro punto, al que le dedico un capítulo entero, es a la capacidad de adaptación, flexibilidad y aceptación. Hacer las paces con el entorno y contigo mismo para seguir adelante.

Aprenderás a convertir las emociones en tus aliados y no en obstáculos, descubrirás que puedes ser tu principal aliado. Si la vida es un mar y la adversidad las olas que azotan tu barco, tus emociones funcionan como velas que te llevan o arrastran, de acuerdo a cómo las orientes será tu rumbo. Trabajaremos formas de navegar y técnicas para ser un exitoso capitán de barco, incluso en las peores tormentas.

Parece mucho, pero todo está interrelacionado y focalizado en desarrollar tus capacidades de resiliencia al máximo. Conocerte y confiar en ti es primordial, por eso tenemos dos capítulos finales centrados en temas imprescindibles: la mentalidad de la víctima y la confianza. Es importante descubrir cuándo caemos en el primero y fortalecer la confianza para poder salir. No se puede navegar un mar picado sin seguridad y con miedo a las olas, es importante superar la mentalidad oscura en la que, a veces, te encasilla sin darnos cuenta y así ser el protagonista de tu vida.

Cuando algo terrible ocurre, cuando la adversidad te azota y los oleajes de la vida amenazan con hundir tu barco, ¿te sientes protagonista de tu vida? El rol de este libro es ayudarte a navegar las olas con mejores estrategias, sean olas grandes o pequeñas, sean constantes o momentáneas, todos necesitamos de herramientas y estrategias para sobreponernos a las tormentas. La resiliencia te permitirá ser cada vez mejor navegante de la vida, llegar seguro a puerto y emprender viajes cada vez más aventureros. Ser resiliente es la clave para abrazar con fuerza la vida, superando lo malo y rescatando lo bueno, a pesar de las tormentas. Ser resiliente es recuperar el protagonismo de tu vida y si este libro llegó a tus manos en este momento, es porque estás listo para emprender este camino.

Las siguientes páginas sintetizan un aprendizaje personal que me llevó muchos años. Muchas veces mi botecito se dio vuelta por el oleaje, pero lo fui fortaleciendo. Hoy ya no es un pequeño botecito, hoy capitaneo una embarcación y ayudo a otras personas a construir un mejor vehículo.

Hay una frase que siempre recuerdo cuando la adversidad viene hacia mí: "ningún mar en calma hizo experto a un marinero" y ser protagonista de la propia vida es eso, ser el experto, ser el capitán, llevar el timón y remontar las olas.

Si hoy te cuesta subir al barco, levantar anclas y dejar la seguridad de la costa —o te desespera reencontrarte con la seguridad de la costa y/o tener unos minutos de un mar en calma—, quiero que sigas lo que estás haciendo. Continúa leyendo, continúa intentando, el deseo de salir de la tormenta está en ti y la capacidad también. Aquí está el conocimiento para navegar tu embarcación, extiende la mano y hazlo tuyo.

Capítulo Uno:

Hacia una mentalidad resiliente

Boris Cyrulnik, psiquiatra, neurólogo, profesor de la Universidad de Tolón (Francia) y autor de libros como *Los patitos feos* y *El amor que nos cura*, define la resiliencia como "la capacidad del ser humano para reponerse al dolor". Y es la capacidad innata de la humanidad que buscamos potenciar, porque con ella podrás convertir el dolor en una oportunidad de crecimiento.

La resiliencia es innata, es gracias a ella que el bebé que se cae, al aprender a caminar, vuelve a ponerse de pie con mejor control de su equilibrio. ¡Por lo que también hay resiliencia en ti! Aunque sientas que nunca la llamaste por su nombre o la confundiste con la fuerza de voluntad y la resistencia a los golpes. Son cualidades interrelacionadas, pero cuando los psicólogos y neuropsiquiatras comenzaron a trabajar sobre la resiliencia del ser humano, desarrollaron técnicas para trabajarla específicamente. Tanto la fuerza de voluntad y la resistencia sirven, y son irremplazables en los momentos de dolor o trauma, pero sumar una herramienta específica hace el tránsito más tolerable. Es como querer quitarle la cáscara a una patata o papa con un cuchillo, es posible, pero desperdiciamos mucho de su interior, es mejor tener la herramienta adecuada.

La resiliencia es la que permite que después de un trauma, iniciemos un nuevo desarrollo y un crecimiento personal nutridos de la experiencia. El vocablo resiliencia proviene del término latín *resilio* —que significa "volver atrás, volver de un salto, resaltar, rebotar"— y empezó a ser acuñado en los últimos años, antes solía llamarse a esta cualidad "capacidad de defensa ante la adversidad", que, como veremos, es un concepto más acotado, porque la resiliencia es superación personal en su estado más puro y tiene un vuelo mayor.

En la introducción te pregunté si te sentías protagonista de tu vida, capitán de tu barco. Las situaciones adversas suelen corrernos del centro de la escena y hacer que otras cosas empiecen a dañar y disminuir nuestra autoestima y fe en nosotros mismos. Es normal que después o durante un evento traumático y/o doloroso, nos sintamos menos y que el protagonismo lo tengan otras personas. La resiliencia ayuda a construir una personalidad más centrada, flexible y preparada para futuros avatares. La crisis es un excelente momento para reconstruirte con mejores cimientos, trabajar en uno mismo y desarrollar el pensamiento creativo.

La importancia de desarrollar un pensamiento resiliente

A diferencia de la capacidad de "defensa ante la adversidad", antes estudiada por la comunidad científica, la resiliencia tiene en sí, una gran capacidad transformadora. La diferencia radica en que quien se defiende, está en un rol de tolerar y resistir un ataque; mientras que quien se pone los lentes de la resiliencia para ver el mundo, busca transformar la situación y salir fortalecido. La resiliencia es contraria a la mentalidad de tolerar un mal, busca apropiarse de las circunstancias y canalizarlas hacia el crecimiento personal. Toda crisis —por más dolorosa que sea—, es una oportunidad y está en ti ver esa oportunidad de superación.

El objetivo de desarrollar resiliencia

La importancia de la resiliencia se basa no solo en su capacidad de superar las adversidades saliendo fortalecidos, sino en que tiene la capacidad de retroalimentarse. Una vez que consigues enfrentar un problema y probarte resiliente ante ti mismo (que es la clave de superar adversidades), te sentirás con más fuerzas para enfrentar la próxima dificultad.

La resiliencia no hará que el mundo no tenga dificultades o que el dolor duela menos, pero te hará a ti capaz de enfrentarlas y procesar las cosas, de seguir adelante y progresar. Es una herramienta de superación que te permitirá construir una vida sana, incluso cuando el ambiente resulte insano o inhóspito. La capacidad de reaccionar y recuperarse ante una agresión, es la fuerza para prevalecer. No hay situaciones buenas o malas en la vida, hay situaciones que pueden empujarnos hacia adelante o aplastarnos, como las olas del mar.

Caras de la resiliencia

• La resiliencia abarca la capacidad para proteger la propia integridad bajo presión, implica una resistencia al mal que nos afecta y la capacidad de afrontar la adversidad (desarrollaremos las teorías de la adversidad y sus diferentes facetas en el próximo capítulo).

Las primeras pruebas a la resiliencia personal que enfrentamos, se dan a muy tempranas edad: una caída en la infancia, el comienzo de la educación y la separación del núcleo familiar. Es normal que quienes han tenido una infancia muy protegida, experimenten más problemas a la hora de socializar en los ambientes educativos, estos niños "pseudoinvulnerables" vienen de ambientes protegidos de la adversidad y por eso desarrollaron menos habilidades de resiliencia que otros chicos que venían de situaciones más difíciles, pero no significa que sean menos resilientes, sino que han entrenado menos esa habilidad.

Esto tampoco implica que hay que desproteger a los niños para formar adultos más resilientes; para nada, solo demuestra que la resiliencia es una habilidad que se puede practicar y perfeccionar, y la necesidad de perfeccionarla durante la infancia y la adultez como se perfecciona cualquier habilidad.

Somos los deportistas de la resiliencia, tenemos el talento y la habilidad innata, lo importante es entrenar y perfeccionarnos. Debemos ver las situaciones adversas como entrenamientos ineludibles, porque aunque nos escondamos en nuestra casa, las dificultades irán a buscarnos. Es imposible escapar de las olas estando en alta mar, solo queda aprender a remontarlas lo cual es un aprendizaje posible a cualquier edad.

• La otra cara de la resiliencia es la que siempre me ha fascinado, es la capacidad para forjar un conductismo vital positivo y superar no solo la situación adversa, sino lograr una superación personal que permite reinventarte en cierta medida y fortalecer tu personalidad. Es la capacidad de salir fortalecido de una situación traumática y/o dolorosa.

Es la mismísima razón de la evolución, el secreto de la prosperidad de la vida en nuestro planeta. Cuando pienso en resiliencia, pienso en la capacidad de sobrevivir y adaptarse. Piensa en un fracaso doloroso del que hayas aprendido algo. No lo dudes, haz una búsqueda rápida en tu memoria. Puede ser algo grande o pequeño, como haber golpeado la puerta del auto por aparcar muy cerca de una pared. Lo importante es que pienses en algo aprendido, algo que te permitió mejorar.

A nadie le gusta hacer las cosas mal, eso trae frustración. Sin la capacidad de aprendizaje de la resiliencia, seguiríamos gateando y jamás progresaríamos. El fallar o perder no es opcional en la vida, tarde o temprano todos erramos y perdemos algo o alguien que atesoramos, pero el fracaso y la pérdida pueden ser los mejores maestros y eso se debe a la capacidad de resiliencia que guardas en ti.

Construyendo las bases para tener Resiliencia

En 1993 los autores Wolin y Wolin crearon lo que llamaron la "Mandala de la Resiliencia" y su teoría sobre las siete resiliencias. Graficaron el mandala como un heptaedro (figura de siete caras) y ubicaron en el centro al "yo".

Estos siete lados y pilares evolucionan y se manifiestan a lo largo de las diferentes etapas de desarrollo. Ellos son: independencia, capacidad de relacionarse, iniciativa, humor, creatividad, moralidad e introspección.

La independencia es necesaria, no en relación a ser una isla aislada, sino a tomar las decisiones y a poder distanciarse del ambiente adverso. Uno no es la adversidad, solo convive temporalmente con ella.

Una alumna se identificaba tanto con la adversidad, que me dijo al presentarse "es que estoy orinada por un elefante". Trabajamos mucho el desidentificarse con la adversidad, porque ella había hecho una construcción de su identidad basada en la continua aparición de problemas. Terminaba llamándolos sin darse cuenta y tomando decisiones erróneas. Una vez que logró "quitarse el olor a orina de elefante" con técnicas diseñadas para darse un baño metafórico, se dio cuenta que las cosas malas que le pasaban no eran exclusivas, que no tenía que esperar un ensañamiento del universo para con ella y que, esas situaciones, podrían pasarle a todo el mundo.

La capacidad de relacionarse es complementaria, porque en la adversidad son más importantes que nunca los vínculos afectivos o de profesionales de la salud mental que acompañen el tránsito y ayuden a recordar lo que en el fondo sabes:

puedes con esto. También, contribuyen a esta capacidad la lectura de libros como este, la participación en foros y el acompañamiento digital, lo importante es encontrar una forma de canalizar positivamente los pensamientos.

Muy cercano, al tema de ser protagonistas de la propia vida, se encuentra la necesidad de tener y construir iniciativa. La iniciativa es la capacidad de empezar y hacer algo, implica la toma de control de la situación y el impulso necesario para poner en movimiento los engranajes adecuados.

El humor y la creatividad son habitualmente desacreditados —considerados como cualidades secundarias— al enfrentar la adversidad, pero resultan de vital importancia. Normalmente, la capacidad de bromear sobre algo doloroso se desarrolla al final del tránsito traumático y es un indicativo de sanación. Tratar de no perder nunca el humor, incluso en momentos oscuros, fortalece la resiliencia y sube la autoestima. Muchas obras clásicas incluyen la figura del "bufón", que si bien puede resultar de mal gusto por trabajar el grotesco, son personajes destinados a descomprimir los momentos de tensión para hacerle al público más llevadero el mensaje de la obra. No propongo convertirse en un bufón en los momentos de adversidad, pero sí reencontrarse con el lado que se permite bromear incluso de la tormenta.

El pensamiento creativo también parece relegado a las artes y las expresiones creativas, pero es vital para la supervivencia. Cuando una puerta se cierra, se abre una ventana, pero es necesaria cierta creatividad para considerar en esa ventana una salida. De no estar abierto a las posibilidades, uno puede perderse salidas... a veces son menos elegantes que las que desearíamos, pero ¿qué es lo importante? ¿cumplir las pretensiones que tiene el ego de nosotros o superar la adversidad y salir fortalecido?

Muchas personas me dicen que encuentran contradictorio lo anterior con el siguiente punto:

moralidad. ¿Cómo van a encontrar una salida en una ventana sin comprometer sus valores? Los valores esenciales y morales de cada uno no están ligados al ego, al orgullo ni a la soberbia. Cuando me refiero a moralidad y valores, me refiero a lealtades (principalmente para con uno mismo). Hay que aprender a diferenciar lo que realmente somos en esencia, de la imagen que queremos proyectar. Uno es importante, el otro es solo un traje que vistes para ciertas oportunidades y debes tratarlo como un traje, no es tu piel.

Eso nos lleva al último pilar, la introspección. Para lograr resiliencia es necesario pararse un segundo en medio de la tormenta y mirar hacia adentro, ¿qué ocurre realmente en este momento? ¿qué herramientas tengo o con quienes cuento sinceramente? Recuerda que siempre, sin importar que cuentes con un millón de personas que te aman y te apoyan o ninguna que sepas, saldrás de la tormenta por ti y en ti reside la fuerza para lograrlo. El mundo puede querer cargarte sobre sus hombros y depositarte en una cama de rosas, pero la única persona capaz de ver una salida y dar el paso hacia ella eres tú.

La poderosa habilidad de la Resiliencia

Cuando inicié la búsqueda de una salida, en un momento particularmente oscuro, me dediqué a trabajar e investigar la resiliencia como cualidad humana a cultivar y me di cuenta de inmediato de su gran poder, espero poder transmitirte ese momento de realización. La salida está en ti, en desarrollar las cualidades para seguir adelante con renovada fortaleza.

¿Qué es lo que buscas en la vida? Las grandes historias de triunfo, de éxito, de paz interior, todas tienen como punto de partida un encuentro del tercer tipo con la adversidad. No todas las adversidades se sienten igual ni la vida nos golpea de igual manera. Una persona puede necesitar probar su resiliencia después de pasar un momento absurdo, otra persona puede replantearse, la misma necesidad, después de un desplante amoroso, un despido o la pérdida de un ser querido. La vida es muy creativa en sus formas de pegar y por eso mismo es necesario desarrollar creatividad para sobreponerse. Algunas personas encuentran su punto de quiebre en la pérdida e incluso otras lo encuentran en un triunfo solitario, en la realización de que tiene la necesidad de compartir sus victorias.

Los siete pilares que antes vimos te sostendrán en los momentos difíciles y saldrás mejor. La resiliencia es la habilidad por la cual, una vez que subimos la montaña, esta ya no se ve tan alta como antes y podrás mirar hacia abajo sintiendo un diferente tipo de vértigo: más parecido al empuje que lleva a hacer las grandes cosas de la vida que al miedo que detiene el avance. Y más importante, si dominas la montaña, podrás ayudar a otros a subir también y a alcanzar grandes alturas. Solo recuerda —y este mensaje es tanto para ti como para mí—: todos deben hacer su propio camino. Tú no puedes caminar por otros, por más que los ames, ni tampoco puedes cargar sus cargas. Ni yo puedo enfrentar tu adversidad por ti. Puedo prepararte, ser tu mentora en el primer umbral. Aprovecha los recursos que iremos desarrollando juntos, alimenta tu resiliencia con todas las estrategias y fuentes que puedas encontrar. Este libro es una chispa, pero tú debes aportar el combustible para que la resiliencia arda.

Lo que busco es guiarte en base a mi experiencia, para que la subida sea más fácil, para que te tomes unos minutos para apreciar el paisaje y para que recuerdes, hoy y siempre, que la fuerza está en ti.

En el próximo capítulo empezaremos el viaje, pero antes quiero que te tomes unos minutos para observarte internamente. Haz un inventario mental, como si abrieras la heladera y vieras qué te está faltando. ¿Qué necesitas de este libro? ¿qué enfrentas en este momento? Ponlo en palabras y anótalo, ¿una enfermedad dolorosa? ¿la pérdida de un ser querido? ¿un sueño quebrado para siempre?

Ahora, quiero que hagas una lista de cinco herramientas con las que enfrentas la adversidad, cinco herramientas que manejas y que tienes en tu arsenal. Pueden ser grandes cualidades como honestidad, paciencia, generosidad, respeto, obstinación —que en cierta medida es un lado de la perseverancia—, coraje o sensibilidad, anota las cualidades con las que cuentas.

También, en tu lista de "las grandes cinco", puedes poner nombres de personas que, al estar a tu lado, sientes que te fortifican. Personas que su sola presencia en tu vida, te fortifican y son casi una extensión de tus cualidades. Incluso puedes anotar lugares que te reconfortan: una plaza, caminar por una calle determinada, un bar donde te gusta ir a tomar un café. También pueden ser cosas simples, como canciones o música que te motivan, para no dejarte caer, o películas que te animan en los momentos de adversidad.

Haz una lista mental de cinco cualidades, personas o cosas en las que te apoyes para salir de una situación adversa y anótalos.

¿Ya hiciste tu lista de herramientas para salir de una situación adversa? Te prometo que para cuando termines este libro, la palabra "resiliencia" estará en el puesto número uno de esa lista.

Capítulo Dos:

Enfrentando la adversidad

La adversidad puede ser entendida como un infortunio y/o como la aparición de un enemigo, una situación inesperada o una presencia hostil en nuestro entorno. Tiene la característica de que resulta inesperada o sorpresiva. Si bien, a veces hay personas que viven bajo el lema de "espera lo mejor, prepárate para lo peor" y tienden a vivir esperando el encuentro con la adversidad, si realmente pudieran predecirla, la evitarían y no la verían como una piedra en el camino.

Al considerar —y me permito ser redundante y repetitiva en la próxima frase— : "la adversidad como algo desfavorable y adverso" estamos reconociendo que no la queremos en nuestro camino. Por más que algunas adversidades fortalezcan el espíritu y sirvan para desarrollar grandes cualidades, el tipo de adversidad que trabajaremos en este libro es la no deseada. No hay que confundir la adversidad con el reto o el desafío de practicar un deporte extremo o de ir a la aventura. Por eso, siempre que hablemos de adversidad nos referiremos al encuentro con un enemigo o infortunio que dificulta el camino y el cual, si estuviera la opción de hacer desaparecer mágicamente durante el tránsito del momento difícil, la mayoría de las personas optaría por la opción mágica.

Adversidad para principiantes

Pero también —si bien implica un riesgo y sube el estrés en el cuerpo—, quiero que empieces a verla como una oportunidad. Esta situación de crisis adversa pone a temblar alguna base personal, sea afectiva, material o de autopercepción, y es ahí donde produce miedo y desesperanza. Lo que antes parecía tierra firme, ahora se sacude bajo tus pies. La adversidad es ese temblor, nos sacude y perdemos nuestros puntos de apoyo y de referencia. Por eso es importante saber construir nuevos apoyos para no caer ante la adversidad o, si ya caímos, poder levantarnos rápidamente.

Los grandes entrenadores en liderazgo tienen bien en claro que la adversidad es un punto a superar para construir un líder sólido y exitoso, la resiliencia es una cualidad de las personas exitosas. Probablemente, solo tengan en común esta cualidad, porque hay tantos tipos de liderazgo como personas que los ejercen, pero sin resiliencia no podrían superar las adversidades. El conocido John Maxwell —que tiene más de cuarenta libros traducidos al español sobre liderazgo—, dice que al intentar enfrentar la adversidad existe la posibilidad del fracaso y eso también nos detiene. Pero plantea lo que llama "fracaso hacia adelante", que es la habilidad —mediante nuestra amiga la resiliencia— de convertir un obstáculo en una posibilidad.

Para eso es bueno que primero entendamos a qué tipo de adversidad nos enfrentamos, aquí una clasificación, para que puedas identificar a tu adversidad y empezar a conocer a tu enemigo.

• **Adversidad física**

Una enfermedad crónica y/o debilitante, la pérdida de un miembro, una discapacidad de nacimiento y/o adquirida, son tipos de adversidad que suelen producir mucha angustia. Hay una sensación de que este tipo de adversidad no será pasajera y que llegó para quedarse, pero si bien algunas cosas no tienen regreso al estado anterior de las cosas, la adversidad que producen sí puede subsanarse con la focalización adecuada y la gran capacidad de adaptación del ser humano.

Más adelante, te contaré la historia de Peter y su enfrentamiento con la adversidad física después de un terrible accidente de tránsito, pero lo importante —en este punto del libro— es que identifiques si es esto lo que te ocurre. Si la adversidad que enfrentas viene de una imposibilidad física de hacer algo o de las emociones que dicha imposibilidad te producen, descubrirás que muchas veces la peor adversidad que enfrentas no es la física, sino las otras adversidades asociadas.

• **Adversidad mental**

La discapacidad mental no está incluida dentro de este tipo de adversidad, pertenece al grupo anterior. La adversidad mental refiere a la construcción de una barrera que imposibilita avanzar, pero que solo está en tu mente e igualmente no deja de ser real para ti.

Incluso, a veces, este tipo de adversidad es la más real. Comprende la ansiedad, los preconceptos de incapacidad, las fobias, los discursos internos que pronostican fracaso ineludible de seguir intentando las cosas, los traumas pasados.

Son barreras del ego y no por eso son menos sólidas y/o adversas. En este punto quiero que identifiques si tu enemigo proviene de este tipo de adversidad, ¿te sientes tu peor enemigo? ¿los pensamientos recurrentes te perturban más de lo que ocurre a tu alrededor? Quizás estés en condiciones también de convertirte en tu mejor maestro cuando logres superar esta adversidad.

Imagínate superándola, todo lo que podrías lograr y luego imagínalo más grande, más impresionante y sólido, incluso triunfal, porque si la adversidad que enfrentás es compleja, difícil y en apariencia indestructible, así es tu fuerza mental. Solo debes refocalizar o "recalibrar" tu pensamiento, como me gusta decirle.

En ti yace la capacidad de ser imparable, no la niegues ni le temes. Es tu derecho y con la ayuda de la resiliencia, te ayudaré a reconquistarlo.

• Adversidad social

Quiero diferenciar la adversidad social exterior —pertenencia a un grupo social hostil, agresiones indiscutibles de amigos, familiares, pareja, socios o compañeros de trabajo— de la fobia social o la ansiedad social. Estas dos últimas pertenecen al tipo anterior de adversidad.

La adversidad social está ligada al entorno y a lo que te rodea. En apariencia, pero también está dentro de tu control porque puedes tomar el comando de tu forma de interactuar y, como última opción, cambiar de entorno.

Lo social es una construcción colectiva, donde tu forma de actuar es tan determinante como la forma en que los otros actúan e incluso más, porque tu comportamiento es más importante para tu percepción que el comportamiento de los otros. Analiza, identifica, ¿es este el tipo de adversidad que enfrentas? ¿enfrentas compañeros de trabajo agresivos, amigos conflictivos y/o pareja tóxica? Mi intención no es trabajar sobre comportamientos de grupos patológicos, si sientes que tu integridad física está en riesgo, la mejor opción es buscar otro ambiente social y reconstruir tu entorno social de cero, pero incluso para salir se necesita resiliencia.

Muchas veces las personas se llevan consigo el dolor causado por una adversidad de este tipo, cuando podrían llevarse la fortaleza de haberlas superado. Piensa en el problema en que te encuentras, en el tipo de ambiente que te enfrentas y analízalo. A veces, sirve la perspectiva externa de otra persona, para tener una visión más clara, o escribir lo que te ha ocurrido en una hoja de papel y leerlo en voz alta después de unos días.

• **Adversidad financiera**

Este tipo de adversidad es cada vez más abundante en el mundo en que vivimos, personas que estaban muy bien económicamente y de repente lo pierden todo, o personas que nunca lograron sacarle ventajas al sistema y sobreviven en los márgenes, creyendo que nunca podrán insertarse en el mundo laboral.

Sea una adversidad reciente o incluso heredada de generaciones atrás, no es menos real ni debilitante. La impotencia que causa la presencia de una adversidad está presente, pero también hay que pensar en la posibilidad que representa. Normalmente, cuando le digo a mis alumnos que la adversidad es una posibilidad, la mayoría me dicen que eso es absurdo o hasta ofensivo.

Lamento que a muchos les cueste ver la adversidad como una posibilidad o hasta como un gran maestro de la vida. Creo que justamente cuando encuentren amistad en la adversidad, podrán superarla.

• Adversidad espiritual

Las situaciones difíciles de la vida pueden traer aparejadas crisis de fe o dudas espirituales. Hay personas que no creen en nada y otras que definen su identidad en base a sus creencias o a sus búsquedas espirituales. Son diferentes formas de vivir y ambas merecen respeto.

La espiritualidad y la necesidad de búsquedas más elevadas tienden a ser herramientas en la superación de la adversidad. Si tu adversidad viene de la seguridad espiritual, tiende a ser complementaria de otro tipo de adversidad que enfrentas. Por ejemplo, el padre que pierde un hijo y se pregunta "¿por qué, Dios?".

Las crisis espirituales suelen acarrear una orfandad emocional, donde hay una gran fortaleza de fe presente en la persona, pero pierde el lugar donde siempre la deposita. A veces es pasajera, a veces implica replanteos profundos e incluso cambios de fe, pero toda adversidad espiritual se resuelve y culmina en un fortalecimiento de la persona. Dale tiempo y no temas los replanteos o las preguntas, preguntarse es humano y natural al enfrentar la adversidad.

• Adversidad emocional

La mayoría de las veces, este tipo de adversidad subyace debajo de otro tipo de adversidad. La adversidad emocional se presenta cuando el dolor, la tristeza o el miedo no te permiten avanzar. Cuando no fluyen y te estancas en ese sentimiento, incapaz de sentir otras cosas a la vez.

En los procesos de duelo, el dolor no se presenta como una adversidad sino como un tránsito, las emociones fluyen y mutan unas en otras, y te permites sentirlas. En la adversidad emocional, quizás no sientas nada, porque las emociones constituyen una pared que te impide avanzar y, a veces, incluso contemplar tus propias emociones.

Plantéate, ¿qué causa esta adversidad emocional? ¿Identificas la causa de tu adversidad? ¿Puedes ubicarla en alguno de los otros subtipos de adversidad o es emocional exclusivamente?

El duelo es una adversidad emocional, pero debe transitarse en sus diferentes etapas. No puedo decirte cuánto dura el proceso de duelo, algunas personas lo pasan más rápido que otras, pero si sientes que sigues volviendo a esa pérdida, que no avanzas y que estás atrapado en ese duelo, entonces no está teniendo una duración normal y se está convirtiendo en una adversidad que necesita otras estrategias, no el mero transitar.

Nuevamente, la resiliencia es la cualidad a trabajar para seguir avanzando con el proceso. Las pérdidas ocurren y son dolorosas, a veces más de lo que creíamos posible, y el duelo es el proceso por el cual las personas pueden seguir adelante con sus vidas, pero no siempre las emociones fluyen orgánicamente y requieren de análisis e introspección.

Todas estas formas de adversidad pueden coexistir, ninguna es excluyente de la otra. Incluso a veces parecería que "llueve sobre mojado" y se superponen las adversidades una sobre la otra, haciendo que la mente se abrume y se confunda. La capacidad de separar una de otra se llama compartimentar y es una forma de análisis.

Te encuentras frente a la adversidad, eso ya lo sabes, el saber qué tipo de adversidad te permitirá ir puliendo tus recursos para enfrentarla y así salir con fortaleza renovada.

Siete formas de construir resiliencia

• Reflexión

Durante la primera parte de este capítulo, te fui llevando por diferentes ejemplos de reflexión. Identificar el tipo de adversidad ayuda a la mente consciente a trabajar sobre el problema que afecta al subconsciente.

Dedícate unos minutos a cuestionar tus creencias en relación con la situación adversa en la que te encuentras, si algo te parece terrible, pregúntate por qué y qué necesitas descubrir para sentirlo una posibilidad. Verás que la respuesta a la pregunta de qué necesitas será muchas veces algo posible o algo que esté dentro de tu esfera de control, rara vez la respuesta será algo imposible como un unicornio. Y si lo que necesitas es algo como el renacer de alguien o un gran avance de la ciencia médica, revisa la pregunta. Te dije que te preguntes qué necesitas para ver esta situación adversa que transitas como una oportunidad y no qué necesitas para sobrevolar la adversidad sin cambiar tus percepciones del mundo. Ante la adversidad, el cambio es inevitable.

• **Adaptabilidad**

La imposibilidad de eludir el cambio nos trae a este punto, necesitas desarrollar la capacidad de adaptación. Cuando te estés haciendo las preguntas del punto anterior sobre qué necesitas y la primera respuesta no te sea algo viable, busca alternativas. No te cases con una única posibilidad.

Busca diferentes posibilidades, a veces la primera opción parece la más fácil, pero resulta imposible en el estado actual de las cosas.

Pide consejos de diferentes personas, habla de tu enfrentamiento con la adversidad, busca historias de personas que enfrentaron lo mismo. A veces, la única forma de ver una salida es que nos la señalicen con luces de neón, letreros y caminos delimitados con cinta reflectante.

Hay una metáfora que dice: *sé como el junco, que se dobla pero sigue en pie*. ¿Quién no ha visto árboles de gruesos troncos tirados al borde de la ruta o de la calle luego de una tormenta extremadamente fuerte? Ante el viento fuerte, el árbol más grande, majestuoso y duro del bosque, puede quebrarse a la mitad o ser arrancado de cuajo con sus enormes raíces; pero el junco con su flexibilidad, es capaz de ajustarse a la tormenta y, simplemente, se adapta y se dobla pero no se quiebra.

• Persistencia

Si hoy no encuentras salida, inténtalo nuevamente mañana. Si mañana no se te ocurre una idea, cambia el enfoque, pero la persistencia es la más importante de las capacidades. Piensa que el agua, gota a gota, puede perforar la montaña y hacer agujeros en la roca sólida. Gota a gota se construyeron ríos que llegan al mar.

Recuerda: gota a gota. No te exijas cosas imposibles, no busques soluciones mágicas en un solo intento. Solo te desilusionarás cuando no las encuentres. ¿Qué puedes cambiar hoy? La respuesta para cambiar el mundo está en cambiar nosotros mismos, solucionar nuestros problemas internos y, luego, el mundo cambiará su color para con nosotros.

Gota a gota, ¿qué puedes mejorar hoy? Una sola cosa, quizás sea algo tan simple como repetir un pensamiento positivo, como decir "yo podré con esta situación adversa".

• Límites claros

No dejes que la adversidad tome control de tu existencia. Construye un ritual que te traiga paz y que sirva para despejar tu mente del problema. Puedes escuchar música relajante, leer, cocinar o salir a caminar. Elige una actividad que te traiga placer, aunque solo sea dibujar laberintos en una hoja y realízalo con fortaleza y entusiasmo, dejándote llevar por el movimiento del trazo del lápiz en la hoja.

Por cierto, dibujar laberintos en una hoja activa las neuronas responsables a buscar salidas y desarrolla el pensamiento creativo. Pintar mandalas ayuda al desarrollo de la motricidad fina y fortalece nuestra atención. Cuidar plantas mejora el estado de ánimo y permiten una desconexión total.

Pon límites entre la crisis y tu estado mental, para que no avance hasta consumirte. Si ya te sientes consumido por ella, quizás la primer pequeña cosa que puedas hacer sea reencontrarte con esa parte sana que disfruta de las pequeñas cosas.

• Confianza

Sea una pequeña lluvia o la tormenta más grande de la historia de los mares, tú puedes con ella. La fuerza y las habilidades que posees te trajeron hasta aquí y te llevarán a la costa nuevamente.

Tienes permitido perder el rumbo, errar y equivocarte, pero no pierdas la confianza. Porque un error no implica un fracaso y fracasar no significa no volver a levantarte. Conserva guardada dentro de ti como una piedra preciosa en el alhajero de tu interior, la confianza de que saldrás de esta. Porque saldrás de esta situación. La situación se presentó ante ti porque puedes enfrentarla.

La vida es un aprendizaje y nunca perdemos la capacidad de aprender. Es difícil, sí, pero obtienes el título más importante con el que puedes contar: el de conquistador de tu propia vida. Ten confianza en que podrás, quizás no de la manera que siempre imaginaste, pero podrás.

Tendremos más adelante un capítulo específicamente dedicado a la confianza y al fortalecimiento de esta cualidad tan importante para la resiliencia y la superación.

• Salud emocional

Toda dificultad pone siempre en riesgo la salud emocional e incluso amenaza con convertirse en una adversidad emocional, por eso cuidar la salud emocional es vital para poder sobreponerte y focalizar tu energía en tus acciones presentes.

Parte de cuidar la salud emocional es tratar de estar en el presente. Cuando veamos técnicas para cultivar fuerza interna en el próximo capítulo, veremos técnicas que ayudan a este cometido.

Hay algo muy interesante sobre la salud emocional y es la capacidad de renovación total que tienen las emociones. ¿Alguna vez has escuchado que los perros superan un trauma sin rencores? Un perro, cuando pasó por una situación terrible y es rescatado, es capaz de recuperarse por completo a nivel psíquico y confiar nuevamente. Las emociones humanas pueden recuperarse de igual manera, por más que el razonamiento y la memoria hagan que las emociones a veces se revivan como si los hechos ocurrieran ayer, las emociones tienen la capacidad de renacer. Es la memoria racional la que suele limitarlas, porque la memoria emotiva es más parecida a un animal inocente como un perrito que a un ser racional.

Lo que el corazón vive, es el hoy. Lo que las emociones sienten y manifiestan, es el ahora. Es la memoria racional la que puede llevarlas a revivir constantemente estados de angustia, las emociones buscan centrarse en el hoy. Por eso, es importante tener en mente y trabajar la futura salud de nuestras emociones; porque las emociones no planifican a futuro, están pendientes del momento que vives —y la memoria que revives— y nada más.

Tómate unos minutos al día a cuidar tus emociones, puede parecer como construir un castillo de cartas en medio de una tormenta, pero estás permitiendo que tus emociones sanen y permanezcan positivas.

• Metas de crecimiento

Quiero que pongas tu próxima meta, por delante de donde te encontrabas, antes de que te golpeara la adversidad. Que te veas logrando más, disfrutando más, alcanzando metas que antes no te animabas a perseguir por miedo a lo que pudieras perder.

La adversidad nos saca de nuestro lugar de comodidad y nos hace darnos cuenta que todo lo que dábamos por sentado eran dibujos en la arena. Abraza esa sensación de inestabilidad, porque gracias a ella no tienes que quedarte estático contemplando garabatos en la playa, puedes ir hacia nuevos horizontes y lograr tus sueños.

Tres historias de lucha, triunfo y resiliencia en la adversidad

Cuando vivía en Estados Unidos tuve la oportunidad de trabajar con personas comunes que hicieron cosas increíbles gracias a su resiliencia. Quiero compartirte sus historias, por una cuestión de privacidad cambié los nombres, pero si están leyendo estas palabras —que probablemente lo hagan—, quiero agradecerles el permitirme poner sus historias en mi libro y su confianza y amistad de tantos años.

Andrew

Andrew tenía la vida soñada. El sueño que había forjado a base de trabajo, un carisma muy especial y un excelente humor que lo hacían una persona muy querida por sus familiares y amigos. Era de esas personas que caían bien apenas se las conocía. Siempre tenía una palabra de aliento para sus compañeros de trabajo y, como miembro activo de su comunidad, era muy querido por sus vecinos. Su trabajo lo era todo. Tenía un empleo importante en una compañía de turismo, ganaba muy bien. Como una fantasía recurrente, soñaba con poder, algún día, formar su propia empresa, tener una compañía importante a nivel internacional, que su nombre fuera reconocido por su buen servicio al cliente y por la eficacia para conseguir los mejores destinos, al precio más económico del mercado, pero su trabajo era full time y no le dejaba tiempo para planificar esa ambición.

Andrew se estresaba acorde a su puesto, pero en general su optimismo hacia que tendiera a ver y juzgar las cosas en su aspecto más positivo o más favorable. Venía de una buena posición económica familiar y estaba acostumbrado a ella, vivía acorde a sus entradas anuales, que eran bastantes significativas y, además de viajar una vez al año por el mundo, a los mejores destinos, solía no privarse de salir a cenar a los mejores restaurantes de comida francesa que eran de su predilección.

De madre judía latina y padre italiano, tuvo la oportunidad de escuchar, desde chico, una gran multiplicidad de idiomas, los que incorporó desde muy temprana edad. Hablaba cinco idiomas con fluidez. Los autos eran su pasión y todos los años cambiaba de modelo. Siempre asistía a las exposiciones automotrices y el último modelo que había adquirido era un auto deportivo de color rojo

Su trabajo le demandaba mucho tiempo. Tenía sólo veinte días al año de vacaciones para disfrutar a sus hijos. Aunque eran pequeños, se esforzaba por mantener su estabilidad económica, pues pensaba en su futuro y en poder pagarles una buena educación. Hombre previsor, tenía una cuenta, para cuando sus dos hijos fueran a la universidad. No podía pasar todo el tiempo que quería con ellos, por las obligaciones y la carga horario que el trabajo le demandaba, pero sabía que estaba haciendo lo correcto.

Un día la estabilidad de su vida se vino abajo, la compañía donde trabajaba había quebrado. Acostumbrado a ser el proveedor de su familia, pero también el pilar emocional, se vio en la imposibilidad de contar lo que le pasaba, así que estuvo tres meses fingiendo ir a trabajar, sin avisarle a su esposa, a sus hijos, ni siquiera a los amigos de más confianza.

Se encontraba en una encrucijada, sabía que tenía que ordenar sus pensamientos, no podía trasmitir la incertidumbre a las personas que quería y estimaba, llevarles la preocupación que sentía en ese momento sería en vano. Él tenía que encontrar la forma de volver a su vida anterior y esas cavilaciones no lo dejaban dormir. Pensaba en las distintas formas de insertarse en algún nicho laboral, pero puerta que abría se le cerraba.

Conforme los meses pasaban y sin estar dispuestos a bajar su nivel de vida, Andrew hizo un balance de sus habilidades. No podía volver al mundo de los viajes y el turismo porque no tenía el capital para fundar una compañía propia y, por su edad, sería raro que consiguiera otro trabajo con iguales beneficios. Después de tres meses, tuvo que contar la verdad. Se dio cuenta que el aliento de su mujer y sus amigos era lo que estaba necesitando para encarar esa nueva situación desde una perspectiva distinta.

Al no estar trabajando, pudo pasar más tiempo con su familia, cosa que empezó a ser lo más importante de su día. Supo que de poder recuperar su trabajo, ya no disfrutaría trabajar lejos de sus hijos y su esposa. No sabía que la vida podía ser tan bella, empezó a atesorar cada instante, el desayuno en familia, las anécdotas de los chicos, los chistes y las risas, los recuerdos de viajes contados en la cena empezaron a estar en otra dimensión y era como si fueran un nueva viaje, un viaje por el que no había transitado hasta ahora: el de preparar la cena en casa, llevar los chicos al colegio y fortalecer la relación familiar.

Las necesidades eran cada vez más claras, tenía que encontrar un trabajo desde su casa que le permitiera mantener su nivel de vida, pero él solo sabía de empresas de turismo e idiomas.

Con una buena idea, retiró sus ahorros e hizo una inversión. Durante sus años de asalariado había mantenido un único hobbie: aprender idiomas y se había vuelto muy bueno en eso. Sintetizó su método de aprendizaje y le pagó a un diseñador para volcarlo en un programa. Creó un curso de "idiomas para personas relacionadas al turismo, una capacitación para empresas". Puso el dinero que le quedaba en publicidad y esperó.

Con los años contrató profesores de otros idiomas y siguió creciendo. El método de Andrew es muy cotizado y es orador en simposios de emprendedores.

El pasar por la adversidad hizo que Andrew replanteara sus propósitos e hiciera un balance de sus habilidades, sabiendo aprovechar sus capacidades y redefiniendo sus necesidades más básicas.

Judith

Judith venía de una familia abusiva con un padre alcohólico y una madre golpeada, y, sin proponérselo, repitió la historia de su madre. Se casó con un hombre que durante el tiempo que duró el noviazgo parecía quererla y ella correspondía a ese amor, aunque lo vio pasarse con el alcohol más de una vez, no le dio importancia, porque sólo bebía de más en alguna fiesta o acontecimiento.

Cuando se casó y empezó a convivir con él, se dio cuenta que no era algo esporádico y su marido bebía todos los días, pero aún no lo consideraba un alcohólico. Al año y medio de casada tuvo una hija y la situación empezó a empeorar.

¿Notaron como las madres primerizas, cuando hablan de sus primeros meses con sus bebés en casa, hablan del cansancio pero de la magia del momento? Judith dice que solo recuerda el miedo y la soledad, me contó que pasaba horas mirando al bebé y preguntándose si podría darle una mejor vida. Pero estaba sola en el mundo, no tenía hermanos y sus padres habían muerto en un accidente de auto. Los pocos amigos que tenía se fueron alejando, porque no aguantaban ver las humillaciones a las que su marido la sometía. Se encontró en un laberinto donde no encontraba la salida y con el miedo de ser devorada por el Minotauro.

Su marido no mejoró, perdió su trabajo y su alcoholismo empeoró. Empezó a ponerse violento y agresivo, era un hombre impredecible e iracundo como lo había sido su padre. Judith vivía con miedo y no tenía ninguna clase de independencia, era una ama de casa con un recién nacido. Si antes no había podido irse, ahora lo sentía imposible.

Se quedó tres años con ese hombre, sintiéndose atrapada y desesperada. Creía que ella era la culpable de esa situación, pues su esposo desvalorizaba cualquier tarea que hiciera. Si la niña lloraba, la culpable era ella por no saber ser una buena madre. Si algo se rompía, era responsable por ser torpe. Si el dinero no alcanzaba, la culpa también era de ella por no saberse administrar aunque la mayoría de los gastos fueran del vicio de su marido.

Judith había llegado al límite de su autoestima.

Un día, después de que su marido la golpeara por no tener la comida caliente a tiempo, su hija entró al baño mientras lloraba. La situación le recordó tanto la desesperanza de su infancia, las palabras de su madre justificando a su padre y la impotencia de ser una niña y no poder ayudarla, que esa misma noche armó una mochila y se fue con su hija de tres años.

Con este ejemplo de quiebre y resurrección, podemos decir que todo ser humano tiene un límite, una campanita que le avisa cuando tiene que salir de las profundidades y encaminarse hacia la luz. Judith la escuchó ese día e hizo bien.

Si alguna vez hablan con ella, hay una fortaleza en su rostro cuando cuenta cómo metió dos mudas de ropa de su nena, unos juguetes, su alhajero y sus ahorros, y se llevó el auto sin mirar atrás mientras su marido dormía.

Puso toda la distancia que pudo con su pasado y empezó de nuevo en otra ciudad. No fue fácil, como todos los principios hay un tiempo de reconocimiento, valoración de sí mismo y puesta en marcha de la autoestima, donde se empiezan a reconocer aptitudes y se plantean nuevos desafíos. La mirada de su hija actuó como un espejo y la llenó de vigor, un vigor insospechado que la llevó a descubrir que podía ponerse metas y alcanzarlas.

Al poco tiempo, consiguió un trabajo y una buena escuela para su hija. Con los años, se casó de nuevo con un buen hombre que supo valorar sus virtudes. La apoyó en una aspiración que tenía desde chica, aspiración que había quedado trunca por su dura adolescencia: ser profesora de literatura. Judith manifiesta que ahora sabe reconocer el amor, que el amor es no lastimar al otro, compartir y apoyarse, para que el viaje de la vida sea más fácil de transitar.

Asegura que su mayor logro llegó cuando pudo criar una mujer fuerte, que sabe hacerse respetar y que no le teme a nada. Actualmente, la hija de Judith está estudiando en la universidad y está comprometida con un buen hombre, pero dice que planea graduarse y viajar primero, que el matrimonio puede esperar.

Peter

Peter tuvo un accidente de tránsito muy serio cuando viajaba con su familia. Regresaban de la graduación de su hermano que había obtenido el título de Preparador físico, habían pasado una tarde muy agradable. Peter estaba orgulloso de los logros que su hermano mayor había obtenido y él pensaba seguir los mismos pasos. Ambos amaban los deportes y soñaban con algún día poder escalar el Everest.

Pero la vida tiene vuelcos inesperados y, de un momento a otro, la felicidad puede convertirse en la peor de las pesadillas. No vieron cuando el camión se salió del carril e impactó en el coche en que viajaban. De ese desafortunado accidente, su hermano perdió la vida y Peter quedó atrapado en el auto.

Fueron muchos los esfuerzos que tuvieron que hacer los bomberos para lograr rescatarlo, pues habían caído a un barranco, por lo que la tarea de los rescatistas fue difícil y ardua. Peter había pasado muchas horas atrapado, estaba inconsciente y el peso del vehículo cortó la circulación de sus piernas. Los médicos hicieron todo lo posible por salvar sus miembros inferiores, pero en el periodo de seis meses tuvieron que priorizar su vida y extraerle ambas piernas por debajo de la rodilla.

La vida de Peter estaba destrozada, lloraba la pérdida de su hermano —que además era su mejor amigo—, y sabía que tenía que decirle adiós a los sueños de obtener una beca deportiva para ir a la universidad. Ya no podría escalar el Everest junto a su hermano, nunca más escucharía su risa ni los buenos consejos que solía brindarle.

El año siguiente fue de recuperación física y emocional, Peter no sólo había perdido sus piernas, también había perdido a su mejor amigo y no sabía en qué sostenerse.

Estuvo con profesores particulares para intentar salvar sus estudios, pero la rehabilitación física le llevaba demasiado tiempo y la depresión era algo muy difícil de tratar.

Un día estaba en el centro de tratamiento al que sus padres lo llevaban, cuando vio un hombre sin una mano llorando. Se acercó y le habló, el hombre consideraba que su vida había terminado.

Voy a citar las palabras textuales que escuché de Peter al rememorar el momento en que descubrió su vocación: "miré a ese hombre y pensé, ¡ya quisiera yo que solamente me faltara una mano! Él al menos puede caminar, ¡las cosas que haría si solo me faltara una mano! Pero me di cuenta que para él, perder una mano era insoportable y me pregunté, ¿habrá alguien en mi situación, que piense que *oh, ya quisiera yo solamente haber perdido las piernas, ¡las cosas que haría!*? y me empecé a preguntar, ¿qué haría esa hipotética persona que envidiaba mi situación, por estar viviendo una situación peor? ¿Y si hubiera quedado cuadripléjico? Por algo estaba vivo, por algo tenía dos manos. Si la vida me había dado la posibilidad de seguir existiendo, sin mis dos miembros inferiores, no podía darle vuelta la cara, no sólo por la memoria de mi hermano, sobre todo por mí mismo. Ver a ese muchacho sin una mano, sentir su tragedia, me hizo darme cuenta de que tenía que saber aprovechar lo que aún tenía y no llorar, por lo que me faltaba".

Hoy Peter es un gran caricaturista y cada tanto se dedica a su pasión: el senderismo, también ha escalado una o dos montañas, usando prótesis especiales, solo para probar que puede.

Capítulo Tres:

El arte de cultivar fuerza interior

Hay personas que tienen un empuje admirable, parecen *superhumanos*. Logran superar grandes dificultades y parece que ni se despeinan, esas personas son resilientes pero además tienen una gran fuerza interior que los va guiando durante las dificultades. La fuerza interior es tu guía en la adversidad mientras que la resiliencia es la capacidad para salir y crecer en el proceso.

Esta fuerza está en ti y podrás descubrirla justo en los momentos en los que atraviesas la presencia de la adversidad. Tomaré prestadas palabras de Albert Camus: "en las profundidades del invierno, finalmente aprendí que en mi interior habitaba un verano invencible".

La fuerza interna es tu centro, es seguro que habita en ti, pero como una lámpara prendida a mitad del día, puede ser que no la veas hasta que empiece a anochecer.

Los componentes de la fuerza interior

En la época actual podemos encontrarnos con muchos discursos sobre la motivación, pero eso lleva a confundir motivación con fuerza de voluntad y, si bien ambas son necesarias, no son lo mismo. Cuando nos referimos a la motivación, hacemos referencia a la flama que inicia un fuego, el fósforo o a la chispa misma de la inspiración o el deseo. Esto es importante e indispensable, pero un fuego no puede arder solo con una chispa.

Además, en comparación, una chispa es efímera y puede durar un segundo, nadie se mantiene caliente en las frías noches de invierno con una sola chispa. Ahí es cuando llega la fuerza de voluntad, ante cualquier proyecto o situación en la que debamos actuar, la fuerza de voluntad debe ser tu combustible. Cuanto más eficiente sea tu fuerza de voluntad interior, mejor y más tiempo arderá tu fogata.

Volvamos al ejemplo de nuestro navegante perdido en la tormenta, apelando a la resiliencia para sobrellevar las olas que abaten su barca. Es de noche y no logras ver más allá de tu nariz, entonces se te ocurre una idea brillante para salir de la situación adversa, pero necesitas poder ver. Enciendes una lámpara de queroseno, la idea será tu chispa y motivación con la que podrás prender fuego la mecha, pero si no hay queroseno en la lámpara —si no tienes fuerza de voluntad—, no podrás mantenerla encendida.

La fuerza interior es algo muy difícil de definir, pero es la conjunción de motivación y fuerza de voluntad que va alumbrando tu camino. Es la lámpara como unidad y no como la suma de sus componentes y se encuentra en tu inventario, solo debes encontrarla y ponerle combustible.

Una forma de obtener combustible para tu lámpara, es construir hábitos pequeños. Los hábitos son acciones que realizamos sin necesidad de proponérnoslo. Por ejemplo, yo no digo "entraré a tal habitación y lo primero que haré será encender la luz". No, instintivamente mi mano va al interruptor. Este condicionamiento es tan fuerte que incluso durante los cortes de energía, la mano va hacia el interruptor aunque nada ocurrirá de encenderlo.

Algunos hábitos son más complejos que otros, como beber un café por la mañana —el cual incluye varios pasos: preparar el café, agarrar la taza, agregarle azúcar o edulcorante, revolver—, o leer unas páginas de un libro antes de dormir, correr o practicar un instrumento.

Te propongo una lista de pequeños hábitos para servirle de combustible a tu lámpara e ir construyendo esa fuerza interior que admiras en otros. Puedes elegir uno y hacerlo por un mes, y luego agregar otro, o puedes elegir varios y sumarlos a tu día a día. Para afianzar fuertemente un hábito, te aconsejo ir sumando de uno en uno, pero muchos son complementarios y pueden realizarse en un mismo acto.

Las acciones necesarias para construir fuerza interior

• *Mindfulness*

Se trata de una técnica de meditación muy simple, que solo te tomará cinco minutos al día o incluso menos. Siéntate en una silla cómoda o recuéstate en tu cama y empieza a concentrar tu atención en una respiración abdominal. Inhala por la nariz y deja que el aire vaya a tu abdomen, puedes poner una mano sobre esa zona para asegurarte de que se expande con cada inspiración.

Luego exhala por la nariz, dejando salir todo el aire y siente tu abdomen desinflarse. Puedes usar un reloj y realizar este simple acto durante uno, dos, tres minutos hasta llegar a cinco minutos. Cuando tu mente comience con su monólogo interno —los pensamientos que se alinean y te distraen de tu respiración—, vuelve a concentrarte en la respiración. Solo tu respiración existe y es el centro de tu calma.

Con este acto de meditación estarás trabajando tu territorio interior, construyendo las bases para el próximo punto. La mente no debe irse por las ramas y divagar, es necesario centrar el pensamiento en la respiración para que el proceso sea efectivo. Concéntrate en respirar y en hacer voluntarios las acciones que tu cuerpo hace en automático. Abraza unos segundos tu silencio, es una fuente de energía y de protección. Tu silencio le dará fuerza a tus palabras y a tus acciones.

• Observación

El punto anterior justamente permite esto, porque es importante la observación interna. Trabaja tu interior y observa los pensamientos que intentan interrumpirte mientras haces la práctica de *Mindfulness,* analízalos. No los sigas ni los caces, solo obsérvalos de lejos. ¿Es un pensamiento positivo? ¿es un pensamiento negativo? ¿la repetición de ese pensamiento, te traerá alegría?

¿Conoces el método MariKondo de orden para las casas? Te propongo hacer algo similar con tus pensamientos, cuando un pensamiento llegue a ti, pregúntate: ¿este pensamiento me hace feliz, me trae alegría? Esta frase que repites en los momentos de silencio de tu mente, ¿te ayudará a alcanzar tu máximo potencial y a superar la adversidad o te hundirá en la depresión y la desesperanza?

Poco a poco, ve siendo consciente de tus pensamientos. Así como los alimentos, los pensamientos también nutren nuestro cuerpo y espíritu. Los pensamientos positivos potencian tu resiliencia y los pensamientos negativos te impiden desarrollarla.

Es importante la observación para tomar nota de los pensamientos que tienes, trabajaremos sobre esto en el capítulo siguiente (Capítulo Cuatro). Desarrollaremos técnicas para reorganizar tus pensamientos y así pasar más tiempo siendo exitoso en las pruebas que te pone la vida y menos tiempo sufriendo.

• Capacidad

Elige una capacidad o habilidad que te ayudará en la adversidad, sea algo directamente relacionado con la dificultad o solo algo que te levante emocionalmente. Durante un periodo difícil yo elegí estudiar violín. Todos me dijeron que era una pérdida de tiempo, que solo me frustraría y que no sacaría nada positivo de esas clases y prácticas que, con diligencia, hacía todos los días.

El violín me dio paz y me sirvió para enfocarme en algo más que en mi dificultad, cuando terminaba mi práctica me sentía renovada y con ganas de volver a batallar contra las olas. Como verás, cuando te hablo de formas de desarrollar resiliencia lo hago desde, como diría F. Scott Fitzgerald, la autoridad que me da el fracaso y el haber pasado por situaciones de mucha adversidad. Yo no elegí desarrollar resiliencia, yo tuve la necesidad de hacerlo.

Así como para afianzar mi habilidad de superar la adversidad, a veces tuve que tomar caminos inesperados y dedicar tiempo a algo que parecía no tener nada que ver.

Desarrolla capacidades, quizás dominar una receta, salir a caminar, tal vez bailar o cantar, algo que te centre tanto como la meditación pero que sea artesanal y no intelectual. La idea de desarrollar algo tan separado de tu adversidad es reconectar con tu cuerpo, con tus instintos. Quizás si pasas tiempo haciendo algo manual, un nuevo enfoque aparezca frente a tus ojos como por arte de magia. Es tu inteligencia emocional activándose, úsala para trabajar tu fortaleza.

• Acción

Si hoy sientes la chispa de la motivación, enciende la llama de tu lámpara y ve consiguiendo el combustible un día a la vez.

No esperes a tener tu reserva de kerosene llena, usa la chispa y que el resto vaya llenándose gota a gota con tus acciones diarias. Quiero que te sitúes en el presente, el pasado ya pasó y el futuro es incierto. Además, para citar a Albert Camus: "La verdadera generosidad, en relación con el futuro, consiste en dárselo todo al presente". Sigue hoy tu camino, aunque sea un paso minúsculo como empezar a contemplar los bordes de la sombra que se esconde en tu psiquis, arranca hoy con la contemplación y empieza a forjar ideas para futuro.

La adversidad nos quita lo más preciado: ¿qué sueña el marinero que está perdido en el mar embravecido? Solo sueña con pasar la tormenta. Pero si haces tu única misión en la vida el salir de la tormenta, no tendrás motivación para salir.

Una amiga mía perdió a su bebé, tuvo un aborto espontáneo de un hijo muy deseado. Un día, después de pasar el proceso de duelo, me llamó y me dijo "estoy escribiendo un libro de cuentos para mi hijo y mis hijos por venir". Ella había decidido no solo escribir estos cuentos a la memoria de su hijo perdido, sino que tendría otros hijos y les leería esos cuentos. Se permitió empezar a soñar con un bebé al que leerle. En menos de seis meses, estaba embarazada y, para cuando su hijo nació, ella ya había publicado un libro de cuentos para niños.

La fuerza interna es la nueva manera de moverte

• Conócete a ti mismo

Tener conciencia de lo que se piensa es lo primero, los hábitos que antes te sugerí forjar te irán llevando a conocer tus fortalezas y tus debilidades. No subestimes jamás el poder de la observación interior, por dentro somos más inmensos que el océano al que le temes y más fuertes que cualquier adversidad.

Redescúbrete y permítete cuestionarte con afabilidad. No seas cruel contigo mismo, la observación interna y el autoconocimiento no es una herramienta de tortura mental o de fustigación. ¿Tuviste alguna vez un buen docente? No un docente estricto o duro, sino un docente amable y buen tipo. Esas personas que hacen una crítica y uno tiene ganas de abrazarlos y agradecerles la corrección, porque no solo ven el error sino que ven todo lo bueno y corrigen para que sigamos buscando la excelencia.

Hay muchas formas de buscar el error, pero siempre creí que el docente no debe hacer sentir mal al alumno, sino que debe impulsarlo con palabras amables y correcciones hasta afectivas, así quiero que te observes.

Observa lo bueno que hay en ti, tus fortalezas, tus debilidades, tus errores y tus aciertos, y bríndate palabras cálidas y amorosas. Haces lo mejor que puedes y pronto lo harás mejor, permítete el fracaso porque es el mejor de los maestros y te hará mejor.

A fin de cuenta, el fracaso y la adversidad son maestros que nos cruzamos en la vida. Ellos buscan hacer que nos perfeccionemos y que alcancemos nuestro máximo potencial, aunque a veces parezcan duros y nos dañen. No siempre nos toca el docente amoroso, pero intenta serlo contigo mismo.

• Construye un buen ritmo de vida y apóyate en acciones rutinarias

La palabra "rutina" parece casi mala palabra en muchos ámbitos, pero es la base de crear hábitos que te permitirán desarrollar fuerza interior y resiliencia. Los expertos dicen que para adquirir un hábito se necesitan 21 días de construcción del hábito, 21 días de "obligarnos" a ponerlo en nuestra rutina. Luego de esos 21 días, el hábito entra en fase de mantenimiento y ya no requiere tanto esfuerzo para llevarlo a cabo.

Por ejemplo, si tu deseo es incorporar el caminar a tu rutina para despejar tu mente y así tener unos momentos de paz, dedicarte a la introspección o quieres escribir un diario, deberás empezar por hacerlo por 21 días seguidos. Al día 22 ya estarás haciendo lo que te propusiste sin tanto esfuerzo, después de un año ya formará parte de tu vida.

La palabra "rutina" parece aburrida y poco llamativa, pero la rutina es lo que mantiene nuestros dientes sanos con el cepillado y hace que tengamos ropa limpia, porque nosotros o alguien la lava como un hábito o rutina.

El ritmo de vida sano es el que te permite disfrutar cada momento de tu existencia y no apunta a la productividad. Date el lujo de descansar y de detenerte a mirar las rosas, más si estás pasando por una adversidad particularmente difícil, permítete tener una licencia hacia otros focos de atención placenteros.

Si fracasas, recoge tu aprendizaje y vuelve a seguir el camino. Llevar una buena vida es permitirnos el descanso, pero también el error.

• Valora el silencio

Si intentas la técnica de meditación que antes te expliqué, llamada también como "conciencia plena" o "atención plena", te darás cuenta que la mente siempre está llena de ruido, de pensamientos, pero son tantos que no nos molestan, terminan cayendo dentro de la categoría de ruido blanco.

La mente es una máquina atronadora de alta potencia y siempre está en estado de ebullición con mil pensamientos, tareas pendientes, cosas para hacer a continuación, preocupaciones y más preocupaciones. Su continuo funcionamiento, como máquina de ruido, nos impide focalizarla y usarla como una herramienta que funcione a nuestro favor.

La técnica de atención plena y la observación te ayudarán a ir construyendo un orden en tus pensamientos, además de ir seleccionando los pensamientos que sí quieres escuchar y los que prefieres ignorar porque no aportan a tu felicidad.

Pero habrá momentos en donde logres silenciar las críticas, los pensamientos fatalistas, las preocupaciones, aquellos recuerdos tristes y dolorosos o los remordimientos y temores que componen la mayoría del ruido mental. Deja de pensar en las tareas que tienes que hacer y, con las técnicas de respiración profunda y concentración, logra deshacerte de pensamientos aleatorios que no son ni buenos ni malos. Ese momento de silencio es mágico, no lo des por sentado, porque si has estado observando el funcionamiento de tu mente, verás que siempre está en actividad.

Disfruta de los momentos de silencio, no intentes llenarlos de ruido mental.

La paz es una suave brisa entre las hojas de los árboles y el sol en la cara, no viene con fanfarrias y grandes alharacas. Cuando sientas, por un segundo, que tu mente son las hojas meciéndose al viento, que tus emociones son una suave brisa, abraza ese sentimiento. Vas por buen camino, porque después de la tormenta viene la calma y, ese logro, será el principio del viaje hacia la sanación.

Valora tus triunfos, aunque sean pequeños, aunque duren segundos. Solo tú sabes lo que te costaron y solo tu valoración importa.

Capítulo Cuatro:
El rol del optimismo y el pensamiento positivo

Quiero dedicar un capítulo entero al rol que tiene el optimismo en la construcción y mantenimiento de un pensamiento positivo para la capacidad de ser resiliente. Si eres una persona naturalmente optimista, tienes la mitad del camino recorrido y ahora te explicaré las razones por las que me atrevo a tal afirmación.

Optimismo y salud

Cuando la adversidad se presenta en la vida, no podemos cambiarla o elegir desterrarla de nuestras vidas. Lo que sí podemos cambiar es cómo la percibimos y cómo reaccionamos ante ella, nuestra percepción es la única moneda de cambio con la que contamos siempre. El optimismo es parte de la forma en la cual percibimos el mundo, es un cristal que nos permite ver mejor las salidas y opciones presentes, contrario al pesimismo que oscurece nuestro panorama y no nos deja ver más allá.

La persona optimista es más flexible y feliz. Se trata de una forma de ver la vida con mayores posibilidades. Además, contrariamente a las personas realistas que ven solo las cosas que tienen enfrente, las personas optimistas tienen una visión más creativa. El optimismo no solo favorece la generación de endorfinas como el ejercicio —generando individuos más activos y con ganas de crear nuevas conexiones—, sino que abre un mundo de posibilidades que están cerrados para el realista y el pesimista.

Algunas personas son naturalmente optimistas, tienden siempre a mirar el lado más brillante de la vida y el vaso medio lleno, mientras que para otras esto es una gran dificultad y eternamente ven el vaso medio vacío o a la mitad.

Igual, el optimismo, el pesimismo y el realismo, no son compartimientos estancos. Una persona muy positiva puede tornarse pesimista ante la adversidad y viceversa. Quiero justamente que, si eres una persona que tiende al pensamiento pesimista o eres naturalmente positiva pero te dominan los pensamientos oscuros en este momento, te plantees revalorizar el optimismo en tu vida.

No solo ayuda a la salud del cerebro y mantiene las conexiones neuronales más sanas, sino que influye en la salud del cuerpo, permitiendo tomar acciones que apunten a su preservación. Una persona que deba hacer un cambio en su dieta por una enfermedad y es pesimista, difícilmente lo pueda hacer, aunque su vida dependa de ello. Es probable que, al considerar la tragedia inevitable, ni se moleste en intentarlo. Mientras que una persona optimista dirá "sí, haré el cambio y mi salud mejorará".

No solo hay estudios científicos que respaldan esta afirmación, sino que la experiencia de las enfermeras alrededor del mundo constata esto, siendo siempre los pacientes con la mejor predisposición los que mejor responden a los tratamientos. Como contrapunto, los pacientes pesimistas rara vez ven, ellos mismos, su propia recuperación como una opción y terminan con resultados adversos y desfavorables.

Lo que NO es resiliencia

Enfrentar la adversidad, muchas veces, es entrar en una habitación en la que desconoces lo que verás una vez dentro. Si bien no es necesario imaginarla llenas de unicornios, corazones y arcoíris porque eso sería engañarnos, es importante recordar que existe una salida.

Resiliencia no es engañarse, tampoco el pensamiento optimista se condice con el de un fabulador crónico. La resiliencia no se trata de ver el mundo color de rosa, nunca tener dificultades y decir todo el tiempo "estoy feliz" cuando se llora por dentro.

Tampoco es tapar las emociones con maquillaje. Una cosa es presentar un rostro fuerte para los seres queridos —por ejemplo, una madre que le sonríe a sus hijos pequeños aunque esté teniendo problemas con el divorcio—, pero otra es tener esa máscara todo el tiempo encima y autoengañarse. La resiliencia no es negación, negar lo que ocurre hace que sea imposible enfrentarlo y todavía más imposible superarlo desarrollando un crecimiento personal en el proceso.

La resiliencia no es no caer ante la adversidad ni no tener problemas o tener una vida perfecta y jamás de los jamases derramar una lágrima. Tampoco es dar por perdido tu bote cuando te golpee la primera ola.

Algunas personas se yerguen como "prisioneros de la desgracia" y creen que todo les pasa a ellos, trabajaremos eso en el Capítulo Siete, pero eso tampoco tiene nada que ver con la resiliencia. La resiliencia no es tener más cicatrices sangrantes por tener una vida más dura que los demás, eso es estar herido y lastimado por algo.

Entonces, ¿qué SÍ es resiliencia?

Para continuar el ejemplo con el que cerré el punto anterior, ¿qué sí es resiliencia? Es el proceso por el cual se cicatrizan las heridas, por el que se genera un tejido nuevo y se cubre la herida. Es volver al estado natural y reencontrarte con tu centro. Quizás durante el camino descubras que lo que creías que era tu centro, ya no lo es y ahora te centras de manera diferente. Eso está bien, es parte del crecer. Nadie espera salir siendo el mismo marinero después de una tormenta.

Hay una escena de una película que ejemplifica lo que quiero decir. Un personaje que perdió sus piernas en la guerra pasa por un periodo de depresión, donde abandona toda esperanza, pero se reencuentra con su resiliencia en plena tormenta. En medio de una tormenta, en un barco pesquero de camarones en el que terminó por una promesa que hizo con burla durante la guerra, el personaje se enfrenta a las olas, se reinventa poderoso y redescubre su valor frente al mar que azota el barco. Muchos reconocerán la escena de *Forrest Gump* (1994),la resiliencia puede también ser eso: un momento de prueba y de realización. Y como la ejemplificación con películas me funciona muy bien en cursos, es que la uso aquí. Podría hablar de alumnos, consultantes, conocidos y amigos que trabajaron y desarrollaron su resiliencia con maestría, pero el cine es una excelente representación de lo que es la resiliencia.

En la vida real, quizás no siempre sea un enfrentamiento tan literal contra una tormenta, la vida no suele permitirse el presupuesto de las producciones de Hollywood. Tal vez el momento de realización llegue frente a una taza de café o dando vueltas en la cama, pero no deja de ser algo que sacude la esencia de nuestro ser en la adversidad, nos enfoca y nos centra.

La resiliencia también es la flexibilidad y creatividad para ver la salida al entrar en la habitación, aunque quizás no sea una puerta de tamaño normal. Pero en el mundo de las metáforas, Alicia logró encogerse para pasar por una puerta del tamaño de una cerradura y entrar al País de las Maravillas. Y la resiliencia es también un poco de eso, de ver el mundo diferente, de permitirnos el vernos a nosotros mismos diferentes.

A fin de cuentas, nada es completamente positivo ni completamente negativo. Depende mucho de si nos permitimos verlo con un poco de pensamiento optimista.

Vuelvo a traer a colación al neurólogo y psiquiatra francés Boris Cyrulnik, quien dice: "la resiliencia es la capacidad de iniciar un nuevo desarrollo después de un trauma". Resiliencia también es permitirnos enamorarnos un poco de ese nuevo desarrollo, no solo porque implica una superación sino porque el amor es una herramienta de sanación y eso fortalecerá y afianzará nuestro crecimiento.

Somos el producto de nuestras vivencias y experiencias, somos el producto de nuestros encuentros con la adversidad, de nuestros fracasos y de nuestros momentos de gloria. Rara vez una personalidad logra definirse por los momentos de calma y tranquilidad, incluso el monje que medita en la paz del monasterio está enfrentándose a sus adversidades más oscuras e internas.

Ver la adversidad como una oportunidad para crecer, es resiliencia. Además, esa manera de ver las cosas es parte del pensamiento positivo, al cual le dedicamos una relevancia significativa en este capítulo.

A continuación, también veremos otros componentes de la resiliencia y del pensamiento positivo que son preponderantes para superar la adversidad:

• **Construir conexiones**

Los vínculos humanos son un factor de protección cerebral. Es importante —especialmente en momentos donde necesitamos el apoyo de personas optimistas y genuinas— elegir con quién formar estas conexiones.

Porque el optimismo es algo que se suele contagiar, pero las personas pesimistas serán lo peor que puedas tener cerca en momentos de adversidad. Mucho se ha escrito sobre las personas tóxicas y el daño que hacen, por eso es importante alejarse de ellas o poner cierta distancia emocional en los momentos más vulnerables. Además, estas personas difícilmente aportarán creatividad para superar la adversidad. Lo más probable es que intenten adjudicarse tu problema como propio y empiecen a manifestar sufrimiento, lamentos y demás acciones y comentarios desmotivadores.

Una distancia emocional de quienes imponen su pesimismo en otros es lo más sano, también en momentos de adversidad uno tiende a descubrir qué conexiones son valiosas y cuáles no valen la energía invertida en mantenerlas. Esto, que suena duro cuando se trata de familiares o amigos muy queridos, lamentablemente es una realidad. Los llamados vampiros emocionales producen mucho daño, particularmente cuando se suman a una situación naturalmente adversa.

En otro momento, cuando pase la tormenta, podrás trabajar en reformular esas conexiones si sientes que aportan algo positivo a tu vida.

Mientras estés pasando por un tránsito difícil, no te sientas culpable de descuidar las relaciones que te drenan la energía.

• **Fomentar el bienestar**

Parte también de lo que recién veíamos en relación a elegir las relaciones, tiene que ver con fomentar el bienestar. El bienestar —sea físico o mental— es una gran ayuda en la adversidad. A veces la adversidad misma viene por la falta de bienestar, así que cultivarlo es doblemente importante.

¿Qué implica fomentar el bienestar? Implica elegir tus conexiones, dedicarle tiempo a tu cuidado físico y mental, tomar decisiones con tu bienestar en miras.

A veces comer algo que sabes que no es saludable es necesario, porque el bienestar mental es tan importante como el físico y hay comidas que son reconfortantes, pero ten en mente que los comportamientos negativos no pueden perpetuarse. Date una licencia de ciertas obligaciones autoimpuestas, si sientes que necesitas la energía para focalizarla en otras acciones, pero nunca abandones tu cuidado y el tener tu bienestar en miras.

No permitas que te abrumen los reclamos, es muy común la gente que te reclamará atención cuando pasas por un momento difícil, como si el que los atiendas sea tu prioridad. No les des lugar, amablemente, diles que tus prioridades están focalizadas en otras cosas.

Si son personas que vale la pena conservar en tu esfera de relaciones, lo entenderán. Si no lo entienden, replantéate si son el tipo de personas con las que quieres mantener relaciones.

• Superar los hábitos negativos

Los hábitos negativos son contrarios al bienestar y por eso deben ser algo a controlar. A veces, el momento de crisis parece el último que elegimos para hacer un cambio positivo, pero siempre hay que evaluar si la ola no servirá como un impulso.

Los hábitos negativos más importantes a erradicar son los mentales. Cuando a uno le hablan de hábitos negativos, la gente suele pensar en dejar de fumar, abandonar la vida sedentaria o perder peso, pero esos hábitos son secundarios. Si puedes usar la adversidad para hacer un cambio positivo en esos rumbos, ¡felicitaciones! Hazlo sin dudarlo, porque tu salud importa.

Pero los hábitos mentales son los más perjudiciales al momento de enfrentar la adversidad, el pensamiento pesimista, la desvalorización personal, el sabotaje, los miedos adquiridos, los condicionamientos mentales son sumamente perjudiciales. La constante negatividad hacia uno produce que, genuinamente, las cosas salgan mal. Cada vez que digas que no puedes hacer algo, repítete cinco veces que "sí" lo puedes hacer o enumera cosas que sí puedas realizar.

Cuando caigas en hábitos mentales que generan espirales descendentes de negatividad, es importante cortar. En este libro hay varias técnicas que ayudan a superar esos hábitos, pruébalas hasta encontrar una que te funcione.

Las técnicas de meditación y observación son muy útiles.

Tenía una conocida que decía "yo no pienso negativamente sobre mí", pero cada vez que algo le salía mal repetía "¡qué estúpida soy, soy una estúpida tan grande!". Cuando se lo hice notar ni se había dado cuenta que se repetía eso, unas cinco a diez veces por día. A lo cual, además, recordó que su madre solía tratarla de estúpida cuando se equivocaba en sus tareas escolares. Así que, encima de repetirse esas palabras casi a diario, ¡ni siquiera eran sus palabras! Hicimos un ejercicio por el cual repitió "Le devuelvo las palabras de mi madre, a mi madre. Mis palabras son otras, mi camino es otro" y trabajó el dejar de llamarse estúpida a sí misma. Fue un hábito notoriamente negativo para todos, menos para ella que lo tenía muy internalizado desde su infancia. Hoy terminó y publicó una tesis muy interesante sobre plantas acuáticas, la cual la tuvo trabada durante años.

Lo que a veces vemos como una dificultad externa, no siempre lo es. A veces nos lo imponemos nosotros mismos sin darnos cuenta, por eso es importante la observación y el trabajar sobre los hábitos negativos.

• Encontrar tu propósito

La vida es una sucesión de propósitos. Algunas personas tienen un propósito que les sirve como luz rectora toda la vida, otros cambian de propósito como quien cambia de camisa en verano.

Es normal no encontrar "EL propósito" cuando uno se es joven, también perderlo y reencontrarse con un propósito totalmente diferente con más edad. Lo importante, a fin de cuentas, no es "encontrar" el propósito, sino nunca dejar de buscarlo.

Un propósito también enfunda el ánimo de nuevas energías y fortalece la moral. Las metas, los propósitos, los sueños, los anhelos profundos del alma, son la luz del faro en la noche tormentosa. Úsalos para guiar tu camino, pero no te sientas en la obligación de tener solo uno. Hay muchos puertos en el mar y quizás, solo quizás, si te dejas influenciar positivamente por la adversidad, te sorprendas de todo lo que puedes lograr y lo lejos que puedes llegar.

El tener un propósito marca el rumbo y da empuje para avanzar, aunque el mismo se vea distante. Pero no desesperes si no tienes un propósito ahora, lo importante, a fin de cuentas, es buscar un propósito y estar abierto a ver esa luz guiándonos en la adversidad más que genuinamente encontrarlo.

El propósito no es sólo algo para comentar en las cenas familiares o para hablar con amigos, el propósito es más que lo que hacemos, mucho más que lo que decimos, está dentro de la órbita de las emociones más profundas que puede sentir el ser humano. Encuentra tu propósito y no sólo encontrarás tu rumbo, sino las razones y la fuerza para seguirlo.

• Ser proactivo

Ser proactivo implica ser reactivo a los estímulos que vienen desde fuera, ser consciente de la decisión que estás por tomar —lo cual implica ser conscientes de lo que pasa en tu interior—, y tener o construir la libertad suficiente para poder tomar la acción seleccionada.

Esto tiene mucho que ver con la observación de la que hablamos antes, observar el mundo y observarnos a nosotros. El primer paso de una acción consciente, creativa, oportuna y racional, es tomar el rol de observador pero no quedarse en ese rol.

También, es importante tener en cuenta que el ser humano y los animales comparten un cerebro instintivo y primitivo llamado cerebro reptiliano, podría también referirse a este cerebro como el que maneja los instintos más animales de los seres vivos. Esta manera de pensar corre por debajo de nuestra manera racional.

Debajo del cerebro consciente, racional e intelectual, con el que operamos día a día, está latente y a la espera el cerebro reptiliano. ¿Qué espera esta mentalidad sobre la que no tiene dominio la razón? Espera la aparición de una situación que eleve nuestros niveles de estrés y nos haga sentir que estamos en una situación de vida o muerte. Es muy común que en las situaciones adversas este cerebro primitivo tome el control de nuestras reacciones, suplantando a nuestro actuar proactivo y racional. Para este cerebro sólo existen tres tipos de reacciones ante la adversidad: luchar, huir o quedarse paralizado a la espera de que el peligro pase como un animal que se hace el muerto.

La relación con la proactividad, a la que nos referimos en este punto, se da porque es importante no confundir uno con el otro. La reacción de los instintos es supervivencia pura, no es proactividad. Ser proactivo implica notar el instinto o tomar una decisión consciente y, con intención, actuar en consecuencia. El cerebro reptiliano es el que hace que nos corramos a un costado cuando un auto está por pisarnos.

Si bien, en la vida moderna hay situaciones que activan el cerebro reptiliano sin poner en riesgo nuestra vida —un jefe que grita, una discusión o una pérdida material o afectiva tangible para la mente—, el que los instintos de supervivencia se activen, pueden frustrar el accionar proactivo. Cuando el cerebro reptiliano mandó la orden de pelear con el jefe gritón, el cerebro racional está procesando la situación y puede hacer cortocircuito. Es reptiliano y jamás debe ser reprimido, solo comprendido. Puesto en palabras, para que el cerebro racional pueda usar su mandato instintivo como información para definir su accionar.

• Avanzar

Pocas cosas generan tanto pesimismo, depresión y sensación de desasosiego como no avanzar en la vida. La vida es un fluir, no tiene un ritmo establecido y varía de persona a persona, pero es necesario ese fluir y avanzar, sentir que hay progreso y progresividad en lo que se hace. Todo camino tiene sus bifurcaciones, pero avanza tarde o temprano.

Si sientes que un constante estado pesimista te tiene prisionero, puede ser porque te sientes estancado en algún punto y sin posibilidades de avanzar.

Como con el propósito, que para construir una mentalidad positiva no importa tanto el tenerlo como la búsqueda mísma, con el avanzar pasa lo mismo. No importa el destino, sino el camino andado. Ya lo dijo Antonio Machado: "Caminante, no hay camino/se hace camino al andar".

A veces, la adversidad lo peor que tiene es que priva a quien la padece de su posibilidad de avanzar, queda trabado en esa adversidad y estancado en la contemplación de su estado. Al mirar fijamente la adversidad, esta puede volverse más y más grande. Es como mirar hacia un abismo día tras día. Tarde o temprano, el abismo acabará por devorar a su observador o en asimilarlo. Por más que suene poético ser uno con la adversidad, la idea de cargar la adversidad constantemente en la propia esencia debería advertirnos que no es el mejor accionar.

La observación debe ser interna, no hacia la adversidad externa, porque la solución estará en el mundo interior. Cuando sientas que la adversidad te detiene, recuerda que no eres víctima de las circunstancias, sino de tus decisiones. Y cuando estés listo, avanza. No te preocupes por el rumbo. Busca un propósito o sal en la búsqueda de uno. Es importante superar la idea de que siempre hay que esperar una señal, sino tomar cada experiencia como una oportunidad (incluyendo las negativas) y seguir, seguir el camino que está delante y avanzar.

• Abrazar tu positividad

A veces se confunde y desvaloriza el pensamiento positivo. Se trata a las personas positivas como menos experimentadas y hasta ingenuas, cuando lo cierto es que tienen una mejor salud mental. Es lógico pensar que la percepción del positivismo de las personas negativas sea equivalente a su forma de ser. La mayoría de las personas que opinan del positivismo desde afuera son personas negativas, que tienden a ver lo malo en todo. Las personas positivas no pierden el tiempo viendo el vaso medio vacío, ya tomaron acción y están en otra cosa. Tienden a guardar rencores menos tiempo y a superar más rápidamente las adversidades.

No permitas que otras personas te hagan creer que tu pensamiento positivo es de poco valor, vale oro. La posibilidad de que las cosas salgan bien existe siempre, si nos centramos en la posibilidad de que no salgan así, jamás iniciaremos nada. Para el pesimista es más difícil avanzar, ser proactivo, tener propósitos claros, deshacerse de sus hábitos negativos, cuidar su bienestar individual y crear conexiones sanas con otras personas.

Entrenamiento del optimismo

¿Te cuesta tener una mentalidad positiva? ¡No desesperes! Como todos los hábitos sanos, también puede adquirirse y entrenarse.

• Distracciones

Primero es importante que cuando caigas en un círculo de negatividad lo notes, por eso es importante la observación interna. La mejor forma de cortar una espiral descendente de pensamiento es distraer la mente con otra cosa. La mente es como un gatito juguetón e inquieto, algunas personas tienen una mente que se comporta como perro con hueso y se niega a dejar ir una idea, pero si le presentas otra distracción y tratas de devolverle su estado de "juego" irá detrás del juguete más llamativo.

• Debate

Habla de las cosas que encuentras negativas en voz alta, puede ser contigo mismo o con personas de confianza. No lo hagas con intención de crítica, sino de ampliar tu percepción a las cosas buenas que te digan e intenta verlas también.

• Búsqueda de modelos positivos

Busca modelos cercanos o de historias inspiracionales de personas que vieron el lado brillante de las cosas, intenta ponerte en su lugar y ver las cosas con un cristal similar. También sirve pensar, si por ejemplo pensar, ¿qué pensaría una persona diferente sobre esto? ¿por qué mi pensamiento es diferente y no puedo ver la misma posibilidad? Si no encuentras una razón que te convenza para mantener tu pensamiento negativo, abraza la nueva idea.

• La práctica de la gratitud

Por más trágicas que sean las circunstancias, siempre alguien la pasó peor y logró salir adelante. La práctica de la gratitud llama a un pensamiento positivo. Quizás no tengo algo que quiero o necesito, pero tengo otras cosas. Enumera tus dones y agradece, la frase de "uno no sabe lo que tiene hasta que lo pierde" no pierde vigencia en la adversidad.

Es forjar una actitud mental de valoración que favorece el pensamiento positivo y funciona por ley de atracción.

Capítulo Cinco:
Adaptabilidad y aceptación en un mundo moderno

¿Qué es la adaptabilidad?

El ser humano posee dos capacidades a resaltar, una en común con los animales y otra es propia de la humanidad. La primera es la capacidad de adaptarse para sobrevivir y la compartimos con los animales; el camaleón es el mayor ejemplo de esto, ya que cambia el color de su piel para camuflarse en las diferentes superficies pero también se adaptan el ratón que cambia su pelaje con las estaciones y el elefante que cambia su recorrido en busca de alimento.

La segunda es la de adaptar el entorno a nuestras necesidades y es una capacidad que los animales tienen en menor medida, no se puede comparar la construcción de una madriguera en la tierra con la construcción de un rascacielos y de gigantescos puentes de metal que permiten cruzar ríos enteros. En esto, la humanidad se destaca por sobre los otros seres vivos.

Aunque tenemos ambas capacidades, las costumbres propias de la modernidad y la vida en ciudades hacen que descuidemos la primera habilidad en preferencia de la segunda; el ser humano se acostumbró a pedirle al entorno adverso que se acomode a sus necesidades. Esto lleva a que se pierda la capacidad de adaptación como se pierde capacidad muscular al no ejercitarse. Al siempre pretender que el entorno se acomode a nosotros, tu habilidad de adaptación muere de hambre. La adaptabilidad se fortalece al usarse, como toda capacidad, y como un músculo.

Muchas veces por costumbre, ante situaciones adversas la personas se obstinan en querer cambiar el entorno en lugar de adaptarse a las nuevas circunstancias. No es que la capacidad de cambiar el entorno sea mejor que la de adaptabilidad ni viceversa, ambas son características humanas a trabajar en la adversidad. ¿Cuál es la línea intermedia? La aceptación. En algunos momentos es importante darse cuenta que las circunstancias dadas son las que hay, que resulta imposible cambiarlas y solo queda adaptar el cuerpo, la mente y hasta el corazón al nuevo panorama o vivir en sufrimiento.

Solo tú puedes saber si la adversidad que enfrentan requiere de una capacidad u otra, pero lo más probable es que en tu control esté solo el adaptarte. Para adaptar el entorno se requiere la confluencia de muchos factores, normalmente ajenos a nuestro control y un poder de decisión que no suele recaer en una sola persona. Muchas situaciones hacen que las personas gasten energía, tiempo y recursos en querer cambiar lo que los rodea.

Los beneficios de ser una persona flexible

Hace mucho escuché al escritor argentino Jorge Bucay contar una historia que me parece muy apropiada. Estaba un hombre anciano en la entrada de un pueblo, un hombre sabio y curtido por la vida, con una larga barba blanca y túnicas del color de la arena, pasaba sus días viendo a los viajeros llegar al pueblo y los saludaba al entrar.

Un día llegó un joven con una pesada mochila y lo saludó, el joven se acercó y le preguntó cómo era la gente del pueblo, porque estaba buscando donde asentarse. A lo cual, el hombre anciano se tocó la barba y le preguntó: "—¿Y cómo es la gente del pueblo del que vienes?".

El joven respondió: "—Es horrible, son todos mezquinos, estafadores y vividores, solo se preocupan por su bienestar y están constantemente tratando de sacar ventaja del prójimo, es un nido de víboras malintencionadas y por eso mismo me fui, pero ¿cómo es la gente aquí?".

El viejo se tocó la barba y le dijo: "—Aquí la gente es exactamente igual, todos buscan sacar ventaja y nadie piensa en el otro". El joven entonces decidió no entrar al pueblo y se sentó en las afueras para contemplar sus posibilidades.

Al rato, otro joven con una mochila ligera se acercó y el hombre de la larga barba también lo saludó, le hizo la misma pregunta sobre la gente del pueblo y el anciano le volvió a preguntar cómo era la gente del pueblo del que venía.

Esta vez, el joven respondió: "—Es un lugar hermoso, son todos amables y viven cuidando del otro, son solidarios y amorosos entre ellos, y dispuestos a ayudar y recibir a los extraños. Todos tienen trabajo y viven en armonía, pero mis ansias de conocer eran más grandes que mi pueblo y por eso viajo... y ¿cómo es la gente aquí?".

El viejo sonrió entre sus barbas y respondió: "—Tienes suerte, la gente aquí es igual de bondadosa y bienintencionada".

El primer joven, al escuchar estas palabras, se acercó corriendo y acusó al viejo de mentiroso. "—¿Cómo te atreves a mentir tan descaradamente y decirle una cosa a él y otra totalmente distinta a mí?".

El viejo se puso de pie, sus barbas le llegaban a las rodillas, y muy calmadamente respondió: "—Ambas cosas son verdad sobre todos los pueblos, pero si él es capaz de ver lo bueno de donde viene, también será capaz de verlo aquí. Mientras tú, si no eres capaz de verle nada bueno a tus circunstancias, seguirás sin ver nada bueno vayas a donde vayas".

¿Qué crees que hizo el primer viajero? ¿entró al pueblo queriendo verlo con buenos ojos o insultó al viejo y trató de encontrar el pueblo del segundo viajero? Adaptabilidad es sacar lo mejor de las circunstancias dadas y a veces aceptar que el enfoque que traes está equivocado. Si nunca desarrollas tu capacidad de adaptabilidad y aceptación, estarás eternamente buscando un pueblo imaginario que se adapte a tus necesidades en lugar de hacer un paraíso del pueblo en el que te tocó vivir.

• Superar los desafíos más eficientemente

Como vimos en la introducción de este capítulo, el querer adaptar el entorno adverso a nosotros es un vicio de la modernidad y un desperdicio de energía. A veces es posible, pero ¿es realmente necesario mover una montaña en lugar de ir caminando hacia ella? Es más fácil imaginar los cambios en el mundo que nos harán tener una mejor vida, un cambio de las personas que nos rodean, de la empresa para la que trabajamos, de nuestra vivienda, incluso del gobierno y de la política global para que nos beneficie, ¿pero es este el camino más eficiente? Es difícil imaginar cambios internos, pero estos suelen ser los más efectivos.

Aceptación no es lo mismo que resignación, la aceptación es una estrategia de combate y permite el reagrupamiento. Adaptación es evaluar las circunstancias inamovibles que hay que aceptar y resulta más eficiente adaptarte para superarlas y por lo tanto no merecen un gasto energético extra de querer cambiarlas, mientras que resignación es derrotismo frente a la tormenta y abandono de la batalla.

Quien acepta y piensa estratégicamente con sus habilidades de adaptación no está vencido, al contrario, prepara un contraataque mejor adaptado a las circunstancias de la batalla que enfrenta. Mientras que quien se resigna, depone las armas.

Para tener una capacidad de resiliencia fuerte, es necesario estar dispuesto a adaptarse a lo que la realidad impone, adaptar la realidad cuando sea posible y conveniente, pero mantener siempre una mirada en el interior. Siempre es posible cambiar el interior, no siempre es posible cambiar el entorno.

Además, las personas con escasa capacidad de adaptación tienden a ser personalidades difíciles de tratar, les cuesta cambiar de opinión y solo ven un solo posible punto de vista. Esto suele aislarlas porque, al no ser receptivas a las opiniones de los demás ni al entorno, son poco flexibles y tienden a tomar el fracaso como única posibilidad también y terminan respondiendo con rabia o agresividad cuando las cosas no salen como ellos esperan.

• Mejorar las capacidades de liderazgo

¿Qué es ser un líder? ¿Es más líder quien capitanea con confianza una barca individual o quien tiene una gran tripulación infeliz y desordenada que planea amotinarse? El liderazgo no tiene que ver con la cantidad de subordinados, sino con la capacidad interna de adaptabilidad de la persona que lidera. En la adversidad, lo importante es que seas un líder para ti mismo. Las demás personas te verán como un líder a seguir cuando seas tu propio referente.

La adaptabilidad y flexibilidad ante las circunstancias permiten que no te quiebres, que tengas cintura de movimiento ante la adversidad y mantengas un pensamiento creativo y positivo. Eso genera confianza y deseos de pertenecer a una tripulación liderada por personas con estas características, pero lo más importante: hará que te des cuenta que deseas pertenecer a tu propia barca.

Evita el desdén por tus circunstancias, acepta lo que no puedas cambiar y cambia lo que necesites en tí para adaptarte, serás más fuerte y tu voz será escuchada por los demás.

La flexibilidad es una capacidad buscada también en los líderes de grupos grandes, porque tienen que poder adaptarse rápidamente a las circunstancias no solo propias, sino de los demás. Un líder exitoso no es solo el que está seguro de lo que hará, sino el que está seguro de lo que harán los demás y sabe delegar, y para delegar es necesaria la flexibilidad. Es imposible esperar que las personas se manejen siempre de manera predecible, es necesario poder adaptarse a las diferentes personalidades y así explotar las mejores cualidades de cada uno.

Si como líder pretendes que una persona metódica haga un trabajo creativo, terminarás con un desastre, pero si te das cuenta de las cualidades individuales de las personas con las que trabajas y te adaptas en lugar de pretender cambiarlas, tendrás un equipo eficiente y feliz de dar lo mejor cada día.

• **Ser siempre un referente para otros**

Las personas flexibles y con gran adaptabilidad son referentes siempre, es un comportamiento biológico el admirarlas. Está embutido en nuestro ADN el admirar al más adaptable porque, genéticamente sabemos, que esa persona tiene mejores posibilidades de supervivencia en un ambiente hostil.

La adaptabilidad despierta instintos de admiración, la persona mejor preparada para afrontar la adversidad es normalmente referente para los demás. Recuerda, la cadena no solo se rompe siempre por el eslabón más débil, sino también por el lugar con menor flexibilidad. Adaptar tu comportamiento al medio, te garantiza la supervivencia, sea en una situación de desastre natural o en el día a día en la oficina. Quien tiene mayor flexibilidad tiene mayores posibilidades que quien sólo ve una salida y una opción, la flexibilidad también es una característica de las personas creativas y resilientes.

Las diferentes formas de cultivar adaptabilidad y flexibilidad en la vida

Si sientes que no eres una persona flexible y con gran capacidad de adaptabilidad, ¡no desesperes! Como todo lo que hablamos aquí, esta capacidad también reside en ti. No pierdas de vista el hecho de que las capacidades se desarrollan con el uso. Aquí te dejo algunas formas en las cuales puedes fortalecer tu capacidad de adaptación, flexibilidad y aceptación.

• Aprende de los otros

Buscar modelos inspiracionales siempre es un buen lugar para empezar. ¿Cómo se adaptaron otros? ¿quién conoces que sea flexible en tu entorno? La habilidad de observación silente es tan importante como el diálogo con diferentes personas.

• Si se cierran puertas, busca ventanas

No te obstines en una sola opción, siempre que veas una sola opción en algo práctica el ejercicio de buscar dos alternativas más, aunque no vayas a optar por ellas. Todo problema tiene más de una solución posible, mantener la mente abierta a diferentes posibilidades, te permite elegir inteligentemente.

Cuando ves una sola opción, restringes tu panorama. Un panorama cerrado tiene menos mérito que uno amplio y variado. Incluso, no es necesario esperar a que se cierre una puerta para buscar una posible ventana, el saber dónde están las ventanas y el calibrar muchas opciones como ejercicio —incluso en las situaciones en las que tienes seguridad en lo que vas a hacer—, te servirá de ejercicio para cuando no cuentes con esa certeza.

• Comete errores

Los errores son parte de la vida, los únicos que no cometen más equivocaciones son los difuntos. Errar es humano y es vivir. Mientras quede el último aliento en tí serás capaz de acertar y de equivocarte, y eso es un don, no una maldición.

En un momento de este libro cité a Francis Scott Fitzgerald y su paradoja del triunfo en la derrota, con la frase de *El gran Gatsby* que dice: "Si Ernest habla con la fuerza del éxito, yo hablo con la autoridad que da el fracaso". Con su misma convicción, te digo: abraza la autoridad que te da el haber cometido errores, el conocer los caminos errados, oscuros y poco transitados, no rechaces tus errores porque son los maestros más valiosos. Del acierto suele aprenderse poco, pero la gente con conocimientos significativos ha sabido equivocarse y aprender de sus errores.

No pierdas energía intentando hacer las cosas perfectas a la primera, preocúpate de hacerlas con la intención adecuada.

• Siempre pregunta

No temas demostrar desconocimiento de algo. Así como es importante equivocarse y aprender de los errores, los errores de los otros también son buenos maestros. Una forma de superar la obstinación y abrir el pensamiento a nuevas posibilidades y salidas, es preguntar. Pregúntale a otros sus motivaciones, interesate en las razones detrás de su pensamiento.

Normalmente, quienes temen preguntar intentan ocultar su ignorancia. Eso no funciona, las personas más formadas, los académicos, los sabios y los grandes líderes, preguntan sin pudor. El preguntar implica curiosidad y una inteligencia ávida de conocimiento

• Otras formas de ser adaptable

Cuando alguien te presente un contraargumento, escucha con atención, interés y genuina curiosidad. A veces las situaciones adversas tienen más aristas de las que uno puede ver desde su perspectiva y la visión de otras personas ayuda a la comprensión. Escuchar al otro no significa descartar tu punto de vista o priorizar lo que los otros piensen, sino adquirir toda la información disponible sobre una situación.

También, cuando recibas información que te haga replantearte tu postura, recuerda: *ceder no es perder*. El tener una mentalidad flexible y adaptable es síntoma de inteligencia y de resiliencia.

El cambio es parte del crecimiento personal, quizás antes no te veías tomando ciertos caminos pero hoy sí. Un árbol no puede crecer sin cambiar su forma, extender sus hojas y raíces, y no por eso renuncia a su esencia de árbol o traiciona sus ideales. El crecimiento es cambio y cambiar está bien.

Trata de mantener una sana curiosidad a lo largo de la vida, esto te permitirá conocer más y, a su vez, adaptarte con mayor rapidez es tener más herramientas. Siempre es mejor conocer, preguntar, errar y experimentar que ignorar y quedarse con dudas.

Y, finalmente, para poder trabajar tu flexibilidad, adaptabilidad y aceptación, debes mantener cierta serenidad interior. La desesperación, el enojo y la ira o la frustración, son contrarios a la flexibilidad, a nivel biológico tensionan el cuerpo y ocurre lo mismo con nuestro pensamiento. El estrés produce rigidez muscular y mental, para poder ser flexible hay que tener cierta serenidad y tranquilidad, sea que estés discutiendo o evaluando una situación adversa.

La mejor forma de obtener esta serenidad es practicar un distanciamiento intencional y metafórico, intenta ver la situación por un segundo como un espectador. ¿Qué le aconsejarías al personaje que representa tu papel en escena? Probablemente ese consejo que te darías externamente es más racional y útil que los pensamientos que se te agolpan por estar en la situación de tensión.

Capítulo Seis:

Control emocional

Los seres humanos tenemos una mente o cerebro emocional y una mente o cerebro racional. Hasta ahora, venimos trabajando estas dos facetas como unidad pero no siempre tienen una coexistencia armoniosa. Cuando ocurre un choque, el lado emocional siempre predomina y puede llevar a la toma de decisiones muy perjudiciales por impulso.

Volvamos a nuestra metáfora de la barca para entender el funcionamiento de ambas. El capitán es el cerebro racional que toma las decisiones basado en sus creencias racionales, pero el cerebro emocional no es la barca, ¡es las mismísimas olas! Olas capaces de arrastrar al capitán, a la barca y a la tripulación completa, y azotarlos contra las rocas más cercanas en cualquier momento.

Es indispensable tener control emocional para sobrevivir las tormentas y eso lo brinda la inteligencia emocional, que ahora se está implementando como materia de enseñanza en los colegios del mundo. La inteligencia emocional es otra herramienta de desarrollo personal revalorizada en la actualidad, que permite que los niños y los adultos exploten al máximo sus capacidades.

Porque puedes tener la mejor embarcación del mundo, contar con los últimos avances de la tecnología, la mejor tripulación, creatividad y fuerza de voluntad, pero si te dejas controlar por las olas de tu mar interno, entonces no solo no llegarás a puerto, sino que estás destinado a naufragar una y otra vez con el mismo tipo de oleaje.

¿Qué es el control emocional?

El control emocional no es la represión de las emociones, todo lo contrario. Muchos crecimos en una época donde se buscaba imponer un control emocional basado en la represión, donde a los niños se les decía "un hombre no llora" y a las mujeres se les forzaban emociones maternales y de cuidado de los otros, aunque no las sintieran. Por suerte, esa teoría de la represión como forma de manejo de las emociones, va quedando cada vez más en desuso.

El tema es que, si bien las próximas generaciones quizás cuenten con herramientas más desarrolladas en cuanto a la inteligencia emocional, los adultos estamos forzados a desarrollarlas a base de prueba, error y autoconocimiento. ¿Parece difícil? Lo es, pero es posible. Como vengo diciendo a lo largo de todo este libro, las habilidades se adquieren y se perfeccionan con el uso. El talento natural existe y hay gente que está muy contacto con sus emociones y las navega con clarividencia, pero son un porcentaje pequeño de personas con instintos de marinero innatos. La mayoría de los mortales debemos aprender a entender el lenguaje de las olas.

Un buen capitán no busca suprimir las olas, no tendría sobre qué navegar si llega a deshacerse de ellas. Un buen capitán o capitana, busca saber navegar las olas para llegar lejos, leerlas con experticia y poder predecirlas, busca entenderlas sabiamente y usarlas para su beneficio.

Entender el mar es hablar de inteligencia emocional, de conocer y mantener un buen centro por sobre el oleaje y cultivar la serenidad interior.

La inteligencia emocional tiene muchos componentes ligados a la contemplación interna, las técnicas de atención total, el cambio de creencias y la búsqueda de la serenidad. La inteligencia emocional también conocida como sus siglas IE e implica cuatro partes de conocimiento:

Por un lado, tener consciencia de uno mismo y de lo que está pasando con el oleaje interior, este es el primer paso y más adelante en este capítulo veremos diferentes formas de identificar las emociones que agitan tu barca. Es imposible avanzar hacia los siguientes sin contar con consciencia emocional, porque sería como querer apreciar una sinfonía sin escucharla. Si bien es posible leer las notas en una partitura y Ludwig van Beethoven escuchaba las notas solo en su cabeza, hay que saber de lectura musical avanzada para poder hacer una apreciación sin oír. Para entender las emociones como para analizar una sinfonía, sigue siendo indispensable el poder escuchar las notas.

Como segundo componente, la inteligencia emocional o IE trabaja la gestión interna de las propias emociones, el planteo de estrategias de trabajo y de gestión de los recursos emotivos del cerebro emocional. Esto sería que, una vez identificado el sentimiento, te puedas preguntar ¿qué hago con lo que siento? y tengas diferentes estrategias de gestión para la ira, el miedo o la sorpresa, entre otras.

El tercer punto es la empatía, porque la participación afectiva con otros es necesaria para la interacción social y el manejo de las relaciones.

Finalmente, el cuarto punto es exclusivamente social y sería la gestión de la empatía, el manejo de las relaciones y de las habilidades sociales.

Estos cuatro puntos son los principales indicadores de inteligencia emocional. A su vez, la empatía puede ser una empatía cognitiva, empatía emocional y/o preocupación empática, siendo esta última la compasión vista como un deseo de bienestar general para los otros.

Una vez me preguntaron, ¿por qué las emociones se miden en relación con los otros? Porque si bien es posible enojarse contra una roca o un arroyo, es la construcción social la que nos impone represión y cierto control emocional. En un estado natural, una persona que se enoje con un tornado y quiera golpearlo, es libre de salir a pegarle una patada y morir en el intento. Con el tiempo, las personas que gestionaron mejor sus emociones tuvieron mayores herramientas de supervivencia, ya que por estar enfadados con el fuego no iban a molerlo a palos.

Además, el manejo de las emociones es una habilidad aprendida de la cual los padres son los primeros maestros. Por lo que el manejo de las emociones es aprendizaje principalmente social que permite la vida en comunidad y —volviendo a la habilidad humana de adaptarse y de adaptar el entorno del capítulo anterior—, la capacidad de adaptar el entorno se potencia al crear comunidades.

Una persona puede sacar agua del río para regar su campo, pero una sociedad organizada puede desviar el curso de dicho río para que llegue a los cultivos, y para eso es necesario cierto grado de inteligencia emocional donde se expulsa a los individuos emocionalmente impredecibles y explosivos.

La necesidad de vivir y existir en comunidad y en sociedad, de sobresalir en la sociedad y tener éxito en la comunidad de pertenencia, hacen que la inteligencia emocional tenga indicadores tanto individuales como colectivos.

¿Por qué el control emocional y la inteligencia emocional son tan importantes?

Cambiar la vida es cambiar cómo nos sentimos. Nuestra percepción de la vida, de cuán bien nos va y cuán exitosos nos sentimos, pasa siempre por nuestras emociones. Una vida miserable está marcada por emociones negativas, no por la cantidad de tormentas que se crucen en tu camino o por el dinero que logres acumular.

La inteligencia emocional no se trata de controlar lo que sientes, sino de lo que haces luego de tener ese sentimiento, y es ahí donde se puede valorar su importancia.

Hay numerosos estudios que comprobaron que el reprimir las emociones es dañino a nivel sistémico y produce una presión arterial elevada con riesgos de infartos y accidentes cerebro vasculares. Es que el ser humano tiene estas dos mentalidades: la racional y la emocional, y negar la existencia de una sería el equivalente a negar que una moneda tiene dos caras y querer ver solo la cara con la que te identificas.

Las situaciones adversas ponen la moneda en el aire y está comprobado que la mayoría de las personas toman más del 95% de sus decisiones basadas en sus emociones, por más que después las justifiquen racionalmente. Entonces, la mente racional sólo decide en el 5% de las situaciones y por eso es que el número de personas que toman malas decisiones es tan alto. Un pensamiento racional no es uno guiado por la ira, el asco, el miedo o la sorpresa, aunque tome la información que le brinden esas emociones.

Cuando le preguntas a alguien qué desea para sus seres queridos, la mayoría responderá "felicidad". Se desea éxito económico, afectivo y reconocimiento social porque se cree que eso constituye la felicidad, que es una emoción, pero no lo garantiza. Las emociones negativas producen una vida negativa, pesimista y llena de sufrimiento, mientras que las emociones positivas y la serenidad son las claves para una vida plena.

Para poder aprovechar y canalizar las emociones hay que entenderlas, la inteligencia emocional y el control/gestión de las mismas es la clave para superar muchas frustraciones y sacar el potencial de superación que se encuentra escondido en tí.

• La conexión con la adversidad y la resiliencia

La adversidad, como venimos viendo, es la crisis de algún factor importante de la vida. Esto siempre va a agitar al cerebro emocional que, además, tiene un tiempo de reacción reptiliano e instintivo. Mientras que el cerebro racional necesita tiempo para decidir algo en una situación adversa, el cerebro emocional ya sintió y considera su emoción dueña y señora del accionar.

Para poder poner en juego todas las herramientas necesarias para ser resilientes de manera eficiente, es necesario trabajar sobre las emociones. La superación de la adversidad necesita tiempo, distanciamiento y observación.

Cualquier tipo de adversidad que enfrentes, sea mental, social, financiera, espiritual o emocional misma, va a despertar emociones inmediatas de gran impacto y otras de efecto retardado, y ambas necesitan de un proceso de racionalización para ser enfocadas de manera positiva. Además, en la adversidad las emociones que primero aparecen son las negativas, contrarias al desarrollo de la actitud resiliente.

6 Estrategias para mejorar el control emocional

Quiero presentarte seis estrategias del control emocional y de la inteligencia emocional para que puedas identificar y gestionar mejor tu energía emotiva. Las emociones son energía que puede ser canalizada y reconfigurada para tu beneficio, por eso siempre es importante evaluar y gestionar sin reprimir.

1. Identifica tus emociones

La observación del tumulto interior es el primer e indiscutible primer paso, necesitas aprender a identificar tus emociones.

Según Paul Ekman, psicólogo y pionero en el estudio de las emociones y su correlato con la expresión facial, podemos identificar seis emociones principales: alegría, tristeza, ira, miedo, asco y sorpresa.

La alegría es una jovialidad muy representativa y casi un componente indispensable de las emociones positivas. Es una emoción motivadora y energizante, se presenta ante una situación placentera, cosa o persona. El poeta Gibran Khalil le dedica un poema donde dice "¡Venid, vecinos! ¡Venid a ver! Porque hoy ha nacido mi alegría: venid a contemplar este ser placentero que ríe bajo el sol" y no podría pensar una mejor explicación de qué es la alegría, es un ser placentero que ríe bajo el sol. Alegría es el empuje, la risa, el goce infantil, la jovialidad que trasciende la edad y las clases sociales. Es una emoción positiva y casi siempre bienvenida.

Su contracara es la tristeza, muy asociada con el sufrimiento y la melancolía, pero es más que una aflicción desmotivadora. Es un lamento normalmente asociado a una pérdida real o imaginaria, y suele manifestarse en llanto como contracara a la risa de la alegría. Tiene una cualidad de pérdida de brillo: mientras que la alegría ilumina las cosas, la tristeza puede robarle el brillo al mundo. Aunque puede acarrear estados anímicos pesimistas y de insatisfacción, la tristeza no es positiva ni negativa. Se vuelve negativa al extenderse en el tiempo como una bruma fría que cubre otras emociones, pero también tiene derecho a existir y es importante comprenderla, no suprimirla.

El miedo es otra emoción cardinal y primigenia, puede dar lugar al terror y al pánico pero tampoco es negativa en su esencia. El miedo es una emoción de advertencia y de supervivencia. Gracias a él se mantienen los instintos de supervivencia más primitivos del ser humano, el problema es cuando lo activan fantasmas de la mente y amenazas imaginarias. Es una emoción poderosa, aunque no genera un avance, es más bien una emoción de retroceso y reclusión.

La ira es muy fácil de identificar, bien canalizada también es una emoción de acción y genera un impulso hacia adelante, pero cuando se desboca puede llevar a la frustración y al rencor. Canalizar la ira es como jugar con fuego, resulta muy atractivo para ciertas personas pero muy dificultoso para otras. Lo mejor, como con todas las emociones, es identificarla, buscar comprenderla y optar por un accionar conveniente sabiendo cuál es la emoción raíz.

El asco es una emoción visceral que se presenta como una repulsión hacia algo, alguien o situación y produce rechazo. Junto con el miedo es una emoción de supervivencia, porque alerta sobre posibles daños para el organismo: espacios y alimentos insalubres, patologías contagiosas peligrosas. También, es una emoción de larga maduración, es normal que los niños estén fascinados por las cosas asquerosas pero se vuelvan más quisquillosos con el tiempo. Es una emoción entrenable y mutante. Por ejemplo, las personas que trabajan con la basura, los desperdicios o ciertos materiales, terminan por tener un entrenamiento diferente.

Finalmente, dentro de las emociones cardinales, está la sorpresa.

Fuera de las emociones cardinales, existen más de 270 emociones catalogadas e identificables. Algunos científicos las dividen en 27 categorías, siendo estas categorías las variaciones de: alegría, admiración, adoración, aprecio estético, anhelo, ansiedad, aversión, asombro, aburrimiento, calma, confusión, diversión, dolor empático, deseo sexual, embelesamiento, envidia, emoción, miedo, horror, interés, incomodidad, nostalgia, romance, tristeza, satisfacción, simpatía y triunfo.

Entender todas las categorías de emociones puede llevar una vida, por eso desarrollamos las 6 emociones cardinales o principales.

En cuanto a la sorpresa, la última, se trata de una emoción que se manifiesta en un momento de impacto e incredulidad, y suele preceder a la llegada de otra emoción. ¿Por qué le dedicamos unas líneas a la sorpresa si es solo el preámbulo de otra emoción cardinal? Porque en la adversidad, la sorpresa tiene un rol de desbalance. Es normal que la aparición de la adversidad se dé de imprevisto, produciendo ese tiempo de desbalance antes de la presencia de otra emoción no transitoria (por ejemplo: la llegada de la ira o de la tristeza).

2. Mantén un sistema de apoyo social

Ninguna persona es una isla y la resiliencia no implica enfrentar todo solo. Así como gran parte de la adversidad que enfrentas día a día viene de la vida social, el apoyo para superarla también. Selecciona muy cuidadosamente las personas que te rodean en tus momentos de vulnerabilidad.

La adversidad es un buen momento para notar qué cosas y personas son indispensables, y cuales son solo un lastre. Elegir personas valiosas a nivel emocional no es un acto de crueldad, es de autopreservación e inteligencia.

Aléjate de quienes no creen que lo logres, de quienes te producen un desgaste emocional y, especialmente, de los que compiten por sufrir más que tú por lo que es una adversidad personal. Si están juntos en la adversidad es otra perspectiva, pero en mi experiencia hay un tipo de falsa solidaridad que es un goce por el dolor ajeno y se identifica en personas que siempre dicen algo hiriente pero, a la vez, sufren con tu sufrimiento en extremos poco creíbles.

3. Desarrolla tu sentido del humor

El sentido del humor permite alivianar las cargas, levanta el ánimo y es un elemento indispensable del pensamiento positivo. Cuando tengas la posibilidad, elige actividades recreativas que estimulen tu sentido del humor. El arte es un apoyo para los momentos difíciles de la vida y un gran catalizador de los traumas no resueltos, mientras que a su vez permite la exploración de la psiquis más profunda desde expresiones positivas reconfortantes.

A veces parece trivial, pero ver una película ligera, escuchar a un comediante o bromear con amigos sobre otros temas, son los bálsamos muy efectivos.

Existe también, para quienes no son muy adeptos a la meditación, una terapia llamada "terapia de la risa" que consiste en reír en grupos durante varios minutos. No requiere reír de algo en particular, solo realizar la acción de reír. Los estudios demuestran que tanto el reír por impulso como el reír intencionado, producen efectos positivos en el organismo, aumentan la hormona del placer y disminuyen el estrés, fortaleciendo el sistema inmunológico y la reacción del organismo ante agresiones.

Los humoristas, los payasos y los actores cómicos, son catárticos y permiten la reconexión con la alegría interior desde un estímulo externo.

4. Encuentra espiritualidad

Existen muchas formas de espiritualidad. La espiritualidad es un componente de la humanidad, a veces se manifiesta en forma de una poderosa fe y otras de cuestionamientos existenciales sobrecogedores o de una profunda búsqueda de reconexión con las raíces.

La fe es poderosa y mueve montañas, pero no todas las personas sienten lo mismo. Para quienes creen en algo superior, su búsqueda y la conexión con otras personas pertenecientes al mismo credo, es un gran apoyo. La oración, en cualquiera de sus formas, fortalece el espíritu del creyente y renueva sus fuerzas. A veces la adversidad trae cuestionamientos a la fe, pero todas las religiones coinciden en que las pruebas existen para fortalecer la fe.

Y quienes no pertenecen a un credo también tienen un componente espiritual no necesariamente religioso, el ser humano persigue siempre una reconexión con un algo que no siempre puede definir. A veces la fe religiosa es un facilitador de la búsqueda, mientras que otras personas deben seguir un camino más personal.

La espiritualidad es un componente de la pertenencia, el redescubrimiento de las raíces, la búsqueda de respuestas existenciales, incluso la expresión artística en su estado más puro, son formas de espiritualidad muy ricas y que te ayudarán a fortalecerte en la adversidad. La búsqueda de la inspiración es una forma de espiritualidad, lo mismo que la caridad, la solidaridad y la compasión. Todas son formas de espiritualidad que pueden o no pertenecer a una religión.

5. Construye un pensamiento reflexivo

No temas a la pregunta de "¿por qué?". Preguntar es crecer y, si sientes miedo al preguntar, pregunta con miedo pero pregunta.

El miedo es una emoción de supervivencia, pero las respuestas no son mortales. Es posible también morir en la ignorancia y el conocimiento puede representar una salida. Reflexiona sobre tus acciones con mesura, no con crítica lapidaria.

Lo hecho, hecho está y lo importante es seguir adelante, no perderse en lamentos y recriminaciones.

Para pensar reflexivamente, calma tu mente. Busca ese lugar de introspección y de paz, y observa tus acciones, decisiones y emociones. Hiciste lo posible, decidiste creyendo que era lo mejor y sentiste lo que sentiste, comprensión y perdón a veces van de la mano. Acompaña a tus "yo pasados" y hazlos partes de tus "yo futuros".

6. Eleva tu vibración emocional

Si bien todas las emociones son buenas, sanas e importantes, hay emociones que tienen una vibración más alta. La alegría y sus derivaciones resultan benéficas y bienvenidas, tanto para quien las siente como para su entorno. Mientras que emociones como el miedo, la ira, la tristeza, se definen por tener una vibración baja. Incluso, el miedo afecta el sistema inmunológico debilitando la respuesta inmune del organismo.

¿Cómo elevar la vibración emocional? Lo primero es reconocer la emoción, identificar qué estás sintiendo y a qué grupo de emociones pertenece ese sentimiento. Una vez que lo identifiques, aceptalo, está bien sentir lo que sientes. Las emociones no son ni buenas ni malas, son necesarias y todas cumplen una función. Luego, agradécele a ese sentimiento lo que te advierte o lo que te dice, y déjalo ir. Así como los pensamientos nocivos, las emociones también pueden dejarse ir mientras se acompañe el desprendimiento con gratitud.

Después, intenta con ejercicios que te ayuden a potenciar emociones de alta vibración, como terapia de la risa, disfrutar de una expresión artística, buscar conexiones emocionales positivas o incluso interactuar con animales o con plantas. Los animales y las plantas son grandes armonizadores y sirven para mantener el equilibrio emocional.

Capítulo Siete:

Conocer la mentalidad de víctima

La "mentalidad de víctima" no es algo tan simple como se cree. Esta frase despectiva es una forma de desvalorización que no ayuda en nada a quién está padeciendo un trauma real o imaginario. Cuando alguien dice "se hace la víctima", se refiere a una persona que se niega a tomar acción en las situaciones adversas y sólo se lamenta; pero si bien esa manifestación es real y hay que encontrar formas de superación, no es un problema a tratar ligeramente y menos a desprestigiar, porque la mentalidad de víctima es algo complejo y profundo.

Quiero que tengas en cuenta que a veces la mentalidad de la víctima tiene su raíz en situaciones profundamente traumáticas donde la persona fue víctima de las circunstancias injustas, pero también puede darse como una forma de extender el sufrimiento a otros aspectos de la vida y convertirse en un sentimiento adictivo que se retroalimenta en sí mismo. Primero hablaremos un poco de lo que la psicología estudia como ciencia de la victimología y después trabajaremos sobre otras acepciones más habituales del término y cómo puede beneficiarte en tu vida el saber reconocer este tipo de mentalidad.

La psicología ha estudiado los efectos en la psiquis de las personas víctimas de violación, trata de personas, tortura, violencia de género, robos violentos y otros delitos terribles. Es normal que en estas circunstancias les cueste la identificación de sí mismos como víctimas de un ilícito, llegando a normalizar la situación de abuso al considerar que es inevitable en su vida. Estas situaciones marcan la psiquis con miedo, ansiedad, preocupación constante e hipervigilancia. Además, la vergüenza es otra emoción que se identifica con normalidad en estas situaciones y que dificulta la búsqueda de asistencia, como si la víctima fuera de alguna forma cómplice en la situación traumática en la que se vió envuelta.

Cuando la persona con mentalidad de víctima fue víctima de una situación de estas características, su accionar en relación al hecho traumático es una consecuencia directa e inevitable en el corto y mediano plazo. La asistencia psicológica es un derecho que tiene, porque va a necesitar ayuda para superar el trauma y emanciparse del daño que la situación le produjo a nivel emocional e incluso físico. Como sociedad estamos obligados a ayudarlos en la superación de un trauma que no debieron vivir en una sociedad civilizada.

Estudios sobre víctimas encontraron tres momentos predominantes en el proceso de superación del hecho traumático: el primer momento de shock, con gran ansiedad y pánico. En este primer momento la víctima teme la reacción de las autoridades y su entorno, y es poco probable que solicite asistencia, a menos que cuente con un importante círculo de contención emocional que la acompañe a solicitar ayuda. Normalmente, las víctimas de delitos de estas magnitudes no cuentan con un entorno socio-afectivo preparado para brindar la asistencia que necesitan.

Horas o días después, se presenta una segunda fase que puede extenderse por semanas o meses, incluso años. La persona aprende a disimular el trauma y baja la ansiedad visible, es funcional al entorno pero no ha procesado el hecho. En esta fase las personas del entorno creen que la situación está superada y actúan en consecuencia con esta creencia, mientras que la víctima sigue cargando heridas sin cicatrizar.

La tercera parte se llama de integración y resolución, se caracteriza por depresión y pensamientos obsesivos en relación al hecho, culpa, auto recriminación y agresividad. Mientras que en la segunda fase la víctima no es capaz de comunicarse y trabajar en la superación del hecho, en la tercera vuelve a estar comunicativa y por eso es la fase más visible de un trauma de estas características.

Algunas corrientes de pensamiento estudian los componentes sociales en la construcción de los mecanismos de reacción de las víctimas de este tipo de situaciones, estipulando que, mientras que en los hombres ocurre una doble imposición de accionar que los lleva a sufrir con mayor vergüenza las situaciones donde son despojados de su capacidad de acción, las mujeres son formadas en una mentalidad de padecer el mal y de pasividad que las victimiza con mayor frecuencia. Esto perjudica a ambos géneros por igual y ambos deben ser acompañados por profesionales.

Existen organizaciones sociales y gubernamentales focalizadas en la asistencia a las víctimas de delitos y, si bien el haber sufrido un hecho de estas características deja marcas, es habitual ver en las personas que los superan una resiliencia admirable.

Aunque este capítulo también es de ayuda a las personas que padecieron un hecho de estas características, no suplanta el acompañamiento de profesionales especializados.

La mentalidad de víctima y la resiliencia (¿Cuál es significado común de la mentalidad de la víctima?)

La mentalidad de víctima en su sentido más habitual es una barrera para la activación de los mecanismos propios de la resiliencia. Los mecanismos de resiliencia necesitan para activarse, que la persona tenga conocimiento de que sus acciones importan y que reclame su rol de capitán de su barco o, al menos, que esté dispuesto a tomar el timón e intentar capitanear.

Las situaciones que antes planteamos son situaciones donde la persona está literalmente privada de sus capacidades de acción por un hecho delictivo, traumático e incontrolable, por eso importa tanto el trabajo con profesionales con posterioridad al hecho. La persona no solo siente que fue privada de su derecho de acción, sino que fue literalmente privada de su capacidad de acción y debe recuperarla para sanar.

Sin embargo, sin llegar al extremo de sufrir un hecho ilícito, hay muchas situaciones que hacen que uno sienta que sus acciones no importan o que no se tiene ningún control sobre las acciones propias en una situación adversa. Este es el uso no científico del término "mentalidad de víctima", la persona aquí actúa como si no tuviera control sobre sus acciones y sus acciones no importaran, cuando sí importan y la sensación de incapacidad de acción es principalmente una barrera psicológica.

Algunas personas actúan así en una circunstancia dada, otras enfrentan así la adversidad y muchas no se dan cuenta de que cuentan con esta barrera psicológica.

La gran mayoría de las personas no se dan cuenta de que tienen el control de su accionar y actúan como si solo pudieran padecer el hecho traumático hasta su finalización. Si bien hay situaciones donde solo queda esperar el momento de iniciar la recuperación y fortalecer la resiliencia con posterioridad al hecho, la mayoría de las situaciones permiten un accionar y es ese el camino que permite romper con el ciclo de victimismo perjudicial.

Para fortalecer la resiliencia y tener capacidad de superar una situación adversa, es necesario retomar el control y saber que el accionar personal, cuenta. Lo que hagas importa tanto como lo que no hagas y lo que sientas. Elige tus acciones sabiendo que tienen significado y que influencian tus circunstancias de manera directa.

¿Por qué elijo sentirme como víctima?

El ser humano narra su vida en primera persona, es imposible percibir la existencia desde una perspectiva que no sea la propia. La empatía y la comprensión de las circunstancias dadas de otra persona, son ejercicios de una mentalidad observadora, pero toda narrativa personal ocurre en primera persona.

Ante la imposibilidad o dificultad para percibirse a sí mismo como el protagonista triunfador de su propia vida, una persona puede virar a sentirse "protagonista perdedor" para mantener el protagonismo. La víctima es, en cierta medida, protagonista de la situación que lo victimiza. Hay un foco del padecimiento en el individuo, un dominio del hecho desde la pasividad y el sufrimiento.

Ese "mantener el protagonismo desde la posición de víctima" imposibilita la activación de los mecanismos de supervivencia y superación. La víctima no hace, la víctima padece.

La víctima tampoco es responsable de su acción o de sus circunstancias, y eso genera una liberación a nivel mental, por eso muchas personas encuentran cómodo el rol de víctima y les cuesta salir de él.

La víctima también tiene derecho al lamento, el pensamiento depresivo y a la inacción. Son círculos descendentes de emoción muy difíciles de romper, porque tienden a atraer más adversidades. Es muy difícil avanzar en la vida siendo víctima, todo el universo conspira contra la víctima crónica y por eso nunca logra salir de su situación adversa.

La eterna víctima carga con la adversidad a cuestas, la busca para mantener su propio protagonismo. Este tipo de víctimas no tiene que ver con las víctimas estudiadas por la psicología en la victimología, aunque una situación traumática puede activar mecanismos de victimización en otras circunstancias.

Parte de superar una situación traumática y de superar la adversidad, es recuperar la capacidad de acción y la seguridad en uno mismo. Sea que la persona es víctima de algo que lo privó de su accionar circunstancialmente o cargue una barrera psicológica que le construye una mentalidad de víctima, el recuperar la capacidad de acción, la seguridad en uno mismo y el dominio de hecho, son vitales para superarse y seguir adelante.

La mentalidad de víctima es un comportamiento aprendido

Sí, la mentalidad de víctima es un comportamiento aprendido, posiblemente en los primeros años de vida o luego de un hecho traumático particular que nunca se trató correctamente y, por lo tanto, comienza a dictaminar comportamientos en un tiempo lejano al hecho. Pero, ¿de quién se aprende este comportamiento? Normalmente de los padres o de figuras de referencia. Si uno crece con adultos que prefieren el lamento a la acción, es poco probable que luego desarrolle herramientas de comportamiento diferentes.

Es más común que las mujeres crezcan con estos modelos de padecer. Los cuentos infantiles están repletos de ejemplos de princesas que, en su vulnerabilidad y belleza, solo debían esperar a ser rescatadas por el príncipe azul, desprovistas de capacidad de acción y destinadas a sólo padecer el mal hasta que algo externo las rescatara. Esta mentalidad de "Bella Durmiente" pone el protagonismo de la acción en la adversidad o en el príncipe, pero no en la mujer y eso es un mal ejemplo para las niñas.

También hay hombres con mentalidad de padecer, no es un mal exclusivamente femenino aunque parece ser más tolerado socialmente en las mujeres. Por suerte las narrativas para niños y niñas están cambiando, poniendo protagonistas de ambos géneros capaces de cambiar su destino con su accionar.

Mensajes como "es que no puedo hacer nada", "todo me pasa a mí", "debería morirme", "solo soy una carga" y esa línea de pensamientos de victimización pueden ser indicativos de un estado de depresión o de la adquisición de una mentalidad de víctima. Incluso, más que "adquisición", diría "construcción" de una mentalidad de víctima, porque no es algo que ocurra de un día para otro. Se trata de un lento declive de las habilidades de resiliencia que lleva a un derrotismo y sensación de que no hay nada que hacer, que todo recae sobre la persona que se siente así y que el accionar propio no tiene injerencia en los cambios del destino.

¿Cómo hacer cambios?

Todo lo que se construye, puede deconstruirse y superarse, la mentalidad de víctima también.

Quiero volver a hacer la separación entre la victimología de la psicología que se especializa en las víctimas de un ilícito y la mentalidad de víctima. Las primeras son víctimas despojadas momentáneamente de su posibilidad de acción, las segundas se sienten víctimas por la presencia de una barrera psicológica impuesta. No por eso sienten menos real su padecimiento, padecen también, pero la posibilidad de actuar se la niegan por una barrera mental, no por una influencia externa. El segundo tipo tiene la posibilidad de superar esa mentalidad con herramientas y acompañamiento adecuados; mientras que las víctimas de ilícito primero deben distanciarse de las circunstancias externas.

• Identifica la acción

Si sientes que entraste en el círculo vicioso de privarte de acciones y restringir tus posibilidades, es muy probable que estés construyendo una mentalidad de víctima. Lo más difícil de este tipo de vicios psicológicos o malos hábitos, es su reconocimiento. La mayoría de las personas niegan rotundamente estar actuando como víctimas. Es incluso posible que el mero planteo despierte mecanismos de negación y autodefensa, pero la identificación de este tipo de hábitos no es un ataque. Es una necesidad para salir de ella.

Es imposible superar algo que se desconoce o que se niega rotundamente. Si te diste cuenta que en algún momento construiste este tipo de mentalidad, te felicito. Requiere gran coraje reconocerlo y es el primer paso para poder superarla.

Ahora que te das cuenta que eres tú quien se niega la capacidad de acción, es momento de permitirte actuar. Puedes recuperar un protagonismo positivo de tu vida, reclamar el lugar de héroe o heroína que te corresponde y llevar las riendas de tu propia existencia. Si esos pensamientos te impedían accionar y tienen el poder de paralizar tus acciones, ¡imagínate el poder que tendrá tu pensamiento una vez que lo enfoques en encontrar salidas y en hacer lo necesario para poder salir adelante!

Si eres tu peor enemigo y eres un formidable adversario, al convertirte en tu mejor aliado, serás imparable.

Estudia la situación, ¿cuál es la acción que podrías emprender y que consideras que no puedes por alguna justificación interna? Emprendela. Si tienes miedo, inseguridades y/o angustia, hazlo igual. El miedo desaparecerá conforme estés en movimiento. Las inseguridades pueden o no acompañarte, pero no pueden impedirte el hacer. Las inseguridades son internas, no externas. Procura tomarlas como ruido de fondo hasta que dejen de sonar en tus oídos. No hay mayor angustia que la de no poder actuar, una vez que tomes acción la angustia también disminuirá.

Cuando la mentalidad de víctima impide ver hacia adelante, normalmente es porque la salida está hacia adelante.

Y si sientes que la depresión te supera o te angustia, busca ayuda. Hay profesionales que se especializan en ayudar con las emociones negativas, no es tu culpa tenerlas. No hay emociones buenas ni malas, el que una emoción sea negativa no la hace incorrecta. Es lo que sientes en un momento dado y es como la lluvia, el día y la noche, solo ocurren.

Algunas veces, es necesaria ayuda para saber abrir un paraguas o para encender una luz en plena noche. Que una barrera la construya tu mente no quiere decir que no merezcas ayuda y que no puedas, dentro de las acciones a tomar, recurrir a profesionales o a seres queridos.

Identificar el problema es la primera acción que puedes tomar, la segunda puede ser enfrentarlo o buscar nuevas herramientas para darle una mejor batalla.

• **Acepta la responsabilidad**

Tomar responsabilidad de algo no es culpabilizarse. Es decir "hasta aquí las cosas ya ocurrieron, de aquí en adelante yo voy a decidir mi propio accionar, que es lo único que va a definir mi futuro". La culpa imposibilita el avance, es una carga. La responsabilidad puede sentirse pesada, pero es una gran motivadora.

Hay un ejercicio que me gusta proponer para libertarse de la culpa y tomar responsabilidad sobre tu propio accionar.

Imagínate que vas por un camino largo y tienes una mochila cargada de piedras. Puedes cerrar los ojos e imaginar el camino, el sonido de los árboles cuando el viento sacude sus hojas y el calor del sol sobre tu cabeza. Ahora, siente el peso de la mochila. Está llena de piedras y pesa sobre tus hombros, el peso te hunde y tus hombros duelen.

Ahora, empieza a caminar por el camino. Da los primeros pasos con dificultad y, cuando estés listo, saca la primera piedra de la mochila y déjala en el camino. Acomoda cuidadosamente la piedra para que nadie se tropiece con ella.

Continúa avanzando y, conforme vayas sintiendo el impulso, ve dejando las piedras que traes en tu mochila. Una a una, déjalas al costado del camino bien acomodadas. Sigue avanzando y verás un pozo del tamaño de la mochila que aún cargas, el pozo impide que se pueda avanzar bien por el camino. Intentas rodearlo, pero prefieres volver.

Arrodíllate al costado del pozo y baja tu mochila. Ve encastrando las piedras hasta llenar el pozo. El pozo se llena con las piedras y desaparece por completo del camino. Ahora tu mochila no tiene más piedras y el camino está completo. Nadie caerá en ese pozo ni se tropezará con las piedras que cargabas.

Abandona tu mochila junto al que fue antes un pozo y ahora es un camino íntegro que te llevará lejos y continúa avanzando. Escucha el sonido de las hojas de los árboles, siente el agradable calor del sol sobre tus hombros y huele el aire para sentir el aroma de unas flores cercanas que perfuman todo tu camino.

Cuando te sientas listo, abre nuevamente los ojos. En ti radica la habilidad de solucionar el problema que está frente a ti.

• Cambia la narrativa

Como antes vimos en este capítulo, la mente tiene una narrativa en primera persona y una comprensión en primera persona ineludible. Pero esa narrativa puede cambiarse y programarse con un enfoque diferente.

Por ejemplo, si cuando te enfrentas a algo dices mentalmente "esto es imposible para mí", cambia lo que dices a un "esto es posible para mí". La reiteración de este nuevo discurso irá cambiando la narrativa interna de tu mente hasta que logres salir de la trampa que es la mentalidad de víctima.

• Ayuda a otros

A veces la visión de un árbol impide la visión del bosque. El reconectar con los otros y recuperar las conexiones sociales ayuda a poner en perspectiva el propio problema.

No solo con gente cercana, amplía tu mundo a otros. Puede que, en este momento, la desgracia se sienta pesada e infranqueable, pero el ayudar a otras personas fortalece la conexión y la perspectiva. Quien ayuda a otros suele recibir más de lo que da.

En las medidas de tus posibilidades, ayudar en alguna obra solidaria puede cambiar la forma en la que encaras los problemas. No una ayuda económica, el cambio de mentalidad está en ponerle el cuerpo al ayudar a otros. Ofrecerle a algún vecino con algún impedimento físico el hacer las compras por él, jugar con niños aburridos, colaborar en un refugio de animales, son cosas que nutren el espíritu.

Conozco a un hombre que vivía creyendo que sus tragedias eran las más terribles y que no tenían solución, una de sus hijas lo llevó a un parador de indigentes cerca de las fechas de fin de año. No era una gran inversión de tiempo el ir a ayudar a otros una vez al año, pero lo que vivió en esa experiencia lo cambió a él. Al finalizar la noche, el hombre estaba agradecido de su familia, de su hija, de sus posibilidades y quería seguir ayudando a otros.

Ayudar a otras personas a veces es tan simple como escuchar a un amigo con problemas y preocuparse con empatía por lo que cuenta. Siempre hay posibilidades de ayudar a otros, no es necesario estar en una posición privilegiada para ayudar. A fin de cuentas, el ayudar a otros es una forma de ayudarse a uno mismo a salir adelante. Nutre el alma y fortalece el espíritu. Quien es capaz de ayudar desarrolla una mentalidad más fuerte, más dispuesta a encontrar estrategias de resiliencia, y mantiene una perspectiva amplia del mundo.

• Aprende a decir "no"

Puedes y tienes derecho a decirle que no a las personas. No eres víctima de nadie, el ser víctima en la mayoría de las situaciones que no implican el ser víctima de la comisión de un delito, es un estado mental de "padecer".

Practica negarte a las situaciones que te victimizan, fortalece tu postura al no ceder ante todo. El decir que no es un derecho, incluso en las situaciones más complicadas.

En la construcción social en que vivimos, no está permitido el uso de la fuerza para imponer una postura, incluso está castigado por la ley, por lo que tu integridad física estará resguardada por las convenciones sociales. Di que no, si lo que te proponen te perjudica y te daña. Niégate a lo que te produce ese dolor que sientes que no puedes controlar.

Siempre puedes decir que no y decir adiós, y buscar otros caminos más amigables. No estás eternamente casado con tu trabajo, con tu pareja, con tu familia ni con tus amigos. Los contratos se rompen, las relaciones se cortan, las familias se distancian y los amigos se cambian, si es alguno de ellos no acepta un "no" como respuesta. A veces no es necesario romper las relaciones, solo saber que no son eternas y que no son ataduras irrompibles, sino elecciones que haces.

Eliges tu trabajo, porque podrías buscar trabajo de otra cosa incluso en la crisis económica más grande, nada te impide renunciar. Eliges estar con tu pareja, porque podrías tener otra pareja u optar por la soltería. Mantienes relaciones con tu familia por amor, no por obligación de sangre. Y, en la misma línea de planteos, los amigos también los eliges. Así que a todos y cada uno, sea tu jefe, tu pareja, tu madre, tu hijo adulto, tu amigo o tu vecino, le puedes decir que no.

Con los hijos pequeños y las personas con invalidez, la situación es diferente porque dependen de uno, pero también es siempre posible pedir algún tipo de ayuda y buscar una salida que proteja todos los intereses sin dejar de asegurar las necesidades de los indefensos y sin comprometer la sanidad mental propia.

Decir que no, no es un acto de maldad. A veces es una necesidad psicológica.

• Compórtate con bondad

La bondad con los otros vuelve y no implica decir que sí a todo lo que los otros pretenden de ti, la bondad no es condescendencia ni ser un mártir.

La bondad es afabilidad y, si eres bueno principalmente contigo, evitando el castigarte por tu accionar, podrás ampliar tu mundo de acción. Evita la crítica innecesaria, haces las cosas lo mejor que puedes y quieres hacerlas mejor cada día. Tus intenciones son positivas, por lo que tu balance debe ser positivo también.

• Identifica y acepta

Identifica dónde está el problema que te oprime, acepta la responsabilidad que implica el poder cambiarlo. La mentalidad de víctima se fortalece al reforzar la creencia de que no tienes control sobre lo que ocurre.

Pero tienes control, puedes negarte, puedes tomar acciones para mejorar tu situación, puedes pedir ayuda y reforzar tus herramientas de acción ante la adversidad.

Esperar y padecer hasta que llegue el príncipe azul, sólo funciona en los cuentos de hadas y es importante reclamar el control de tu propio barco, agarrar la sartén por el mango y empezar a tener el control de las decisiones de tu propia vida. Con confianza en ti mismo, que es el tema de nuestro siguiente y último capítulo, puedes lograrlo.

Capítulo Ocho:

Aprender a confiar en ti mismo

La falta de confianza es un mal de muchas personas valiosas, podrían superar sus adversidades pero sienten que no tienen la fuerza. Un problema de personas con capacidades únicas, pero incapaces de verlas y, por lo tanto, incapaces de mostrarles al mundo su potencial.

La falta de confianza también es un comportamiento aprendido, probablemente en la más tierna infancia. El niño confía en los demás y en sí mismo, nacemos con confianza pero la vida la va desgastando.

¿Qué significa confiar en ti mismo?

Quiero contarte una historia que me contó un gran maestro y viejo amigo en un momento de duda. La historia justamente empieza con un discípulo que busca a su maestro, lo va a buscar a la montaña donde medita y se le presenta de rodillas.

"—Maestro —dijo angustiado el discípulo mientras hacía una pronunciada reverencia—, necesito consejo. No puedo hacer nada bien, no sirvo. Las adversidades parecen multiplicarse a mi paso y yo solo puedo bajar la cabeza, no puedo hacerle frente a nada y siempre todos me lo dicen. Continuamente me repiten que no tengo valor y que no sirvo para nada, y deben tener razón. Todos lo dicen".

El maestro, que estaba meditando, abrió los ojos y le dijo con calma: "—Lo siento, no puedo ayudarte. Estoy muy preocupado por un problema personal y no tengo tiempo para preocuparme por problemas de otros —el discípulo se sorprendió, el maestro nunca lo había tratado así, pero como se sentía poca cosa y el maestro era grande y sabio, no lo cuestionó—. Ahora, si pudieras ayudarme con mi problema primero, después podría ayudarte con el tuyo".

Desesperado por la sabiduría del viejo, el joven decidió ayudarlo. El maestro sacó un anillo sobado por el uso de su mano y se lo extendió: "—Toma este anillo y mi caballo —le dijo— y ve al pueblo. Necesito vender el anillo para pagar unas deudas, no me importa a quién se lo vendas, pero no aceptes menos de una moneda de oro, ¿me escuchaste? Ni se te ocurra aceptar menos porque es un anillo muy querido, si no puedes vender el anillo por una moneda de oro… vende el caballo por una moneda de oro".

Deseoso de sacarse el pedido rápido de encima para recibir la enseñanza del viejo maestro, el discípulo partió.

Al llegar al pueblo intentó vender el anillo a todo el mundo. La mayoría de las personas se reían y decían que ese anillo no valía nada, una persona le ofreció tres trozos de cobre cuando escuchó que era para ayudar al viejo maestro y una mujer le ofreció dos gallinas y un conejo, pero ninguno se acercó a la moneda de oro que el anciano le había encargado que consiguiera. El caballo recibió la misma suerte, nadie lo quería ni siquiera el carnicero.

El discípulo se sentó en una piedra junto a la entrada del pueblo y lamentó su desgracia, si no vendía el anillo ni el caballo, el maestro seguiría preocupado por su deuda en lugar de ayudarlo.

Comió una fruta que le había dado por lástima una mujer al verlo preocupado y meditó en su desgracia, sólo tenía un caballo prestado y viejo, un anillo sin valor y su desgracia.

Al volver con el maestro le dijo que nadie le había ofrecido una moneda de oro, ni por el anillo ni por el caballo. Que una persona había ofrecido cobre por el anillo y otro gallinas, a lo cual el viejo dijo:

"—Ese es un problema, deberíamos saber cuánto vale el anillo. Ve con el joyero y pregúntale cuánto vale, no le digas que pido una moneda de oro y no se lo vendas, no importa cuanto te ofrezca. No lo vendas. Regresa y dime cuánto te ofreció".

El discípulo tomó nuevamente el caballo y el anillo, y fue con el joyero. Al ver el anillo, el joyero le dijo:

"—Lo lamento. Puedo darte solo cincuenta monedas de oro, si el maestro está apurado. Con el tiempo, podría darte hasta cien monedas, pero para eso tendrían que esperar a que encuentre al comprador indicado".

El discípulo no lo podía creer, ¡cincuenta monedas! ¡cien monedas de oro! Volvió apresurado a decirle al maestro su descubrimiento y cuando se lo dijo, el maestro respondió:

"—Si tiene tanto valor, no se lo venderé al joyero. Lo guardaré para mí. Ve con el caballo al entrenador de caballos de pura raza y pregúntale cuánto da por él, pero no se lo vendas no importa lo que ofrezca. Regresa y dime cuánto te ofreció."

Grande fue la sorpresa del discípulo cuando el entrenador y criador de caballos, ofreció también una suma enorme de monedas por el que fue en algún momento el mejor caballo de la costa oeste y, aunque estaba viejo, podía fecundar unas cuantas hembras más y producir unos potrillos con su genética.

Confundido, el discípulo regresó con el maestro. El maestro entonces le dijo:

"—Hijo, eres como este anillo y como este caballo, ¿por qué le preguntas tu valor a los ignorantes? Para saber cuánto vales, debes ir con un especialista".

Entonces, todavía confundido y cansado de la cabalgata, el discípulo preguntó "—Entonces, dime, sabio maestro, ¿cuál es mi valor?"

Y el maestro se rió y volvió a sentarse a meditar mientras el viejo caballo pastaba cerca.

"—Yo no soy el especialista al que debes preguntarle. No eres como el anillo o como el caballo, que no tienen voz, tú debes contestar la pregunta con tus propias palabras".

Confiar en uno mismo significa conocer el propio valor, así como las vulnerabilidades, y no supeditar el valor personal a las opiniones de personas no especializadas. No es fácil reconocer el propio valor, porque requiere convertirse en un especialista de la introspección. La ventaja es que para conocernos a nosotros, tenemos toda la vida y nadie nos apura.

Este capítulo está focalizado en darte herramientas para poder ver tu propio valor y, así como el discípulo de nuestra historia, contestar la pregunta por tus propios medios sin preguntarle al viejo maestro.

Confianza y resiliencia

Para superar las dificultades como para poder pagar la hipotética deuda de nuestro maestro de la historia, es necesario reconocer el propio valor y confiar en él.

Confianza es una emoción positiva, consciente y normalmente voluntaria. Se manifiesta como la superación de las inseguridades y la espera de un futuro sin incertidumbres. La confianza es una forma de seguridad que fortalece y activa los mecanismos de resiliencia.

Requiere observación y contemplación, porque una cosa es la confianza —la cual se basa en un conocimiento de las propias fortalezas y un trabajo consciente para identificarlas y desarrollarlas— y otra la soberbia. La soberbia es un mandato del ego producto del narcisismo y una falsa seguridad.

La confianza viene de la observación contemplativa, de la autocrítica bondadosa y del balance objetivo de las cualidades de cada uno. Es ese inventario de lo que tienes en tu embarcación, lo que te permitirá capitanear de manera eficiente en cualquier tormenta.

Los seres humanos son diferentes y diversos, y sus fortalezas son diferentes y diversas. La comparación auto-despectiva es siempre perjudicial. Ya lo decía Albert Einstein: "Todos somos genios. Pero si juzgas a un pez por su habilidad de trepar árboles, vivirá toda su vida pensando que es un inútil".

Pero, ¿cuál es la relación más directa entre confianza y resiliencia? La resiliencia necesita de la confianza, sin ella es imposible seguir adelante en la dificultad. Quien duda de su capacidad de llegar a la costa, termina naufragando eternamente sin llegar a ningún puerto.

Quizás parece que esto es algo trivial o incluso imposible, pero para lograr ser el capitán de tu barco y protagonista de tu vida, necesitas confiar en ti. ¿Cómo pondrás al timón de tu vida a alguien en quien no confías? Y, como la vida te pertenece y solo tú puedes capitanear tu barco, es imprescindible que confíes en ti mismo.

Formas de fortalecer la confianza

Así como la falta de confianza se aprende, es posible aprender a desarrollar o a reconquistar la autoconfianza. El confiar en uno mismo es un paso muy importante para adquirir una mentalidad resiliente y valorar las propias acciones.

Los triunfos merecen ser disfrutados, es sano. El coraje de querer mejorar y superarse es una cualidad invaluable y está presente en ti si estás leyendo estas palabras, si estás buscando fortalecer tu capacidad de resiliencia.

Usa estas cinco técnicas para cambiar la forma de mirarte, cambia el cómo te presentas ante el mundo al mirarte al espejo con otros ojos.

• Notar la narrativa interna y controlarla

Como el discípulo que se sienta en la piedra a lamentar su falta de valor y repite todo lo malo que ha oído, es normal que el cerebro tenga una narrativa constante. Es importante saber qué narrativa tiene y hacia dónde apunta.

Una narrativa negativa llevará a un pensamiento pesimista, a la falta de voluntad por hacer las cosas —si uno espera que salgan mal ¿para qué intentarlo?— y a la falta de confianza. La confianza es el cimiento de las decisiones, resulta muy difícil tomar una decisión si no hay confianza.

Cuando estés por hacer algo, fíjate qué palabras aparecen en tu mente: ¿son positivas o negativas? Un discurso mental negativo debe ser cambiado, cuando mentalmente te digas algo como "no sirvo", "soy inútil" o "lo hago mal", repite la versión positiva de la misma frase cinco veces: Sí sirvo. Sí sirvo. Sí sirvo. Sí sirvo. Sí sirvo. Soy capaz, soy capaz, soy capaz, soy capaz, soy capaz. Hago las cosas bien, hago las cosas bien...

Lo mismo si tu mente te dice "no puedo hacerlo", repite cinco veces "sí puedo hacerlo". Pónle énfasis a la frase positiva, aunque te sientas ridículo. Incluso aconsejo acompañar la frase con el cuerpo, un pequeño salto como dan los boxeadores antes de iniciar un combate o un golpecito de puño sobre la palma, incluso se pueden agregar aplausos junto con las repeticiones. Lo importante es que el discurso mental empiece a cambiar, aunque tengas que forzarlo voluntariamente.

• Enfrentar tus pensamientos

Parte de superar los pensamientos que arruinan tu confianza, es reconocerlos y darles batalla. Es importante recordar que el miedo es un monstruo que tiene toda la espalda blindada, por lo tanto solo se lo puede enfrentar de frente y mirándolo a los ojos. Si consigues construir confianza en tí, lo mirarás a los ojos directo porque aunque parezca gigante, el miedo tiene una altura normal. No es más alto que tú porque es una construcción hecha a tu medida.

Las creencias aprendidas de desvalorización son el enemigo y, probablemente, una de las adversidades más difíciles que tengas que enfrentar, pero puedes hacerlo. Para practicar el ejercicio del punto anterior, repite cinco veces que puedes hacerlo, aplaude fuerte entre las repeticiones.

El contrariar tus pensamientos de desvalorización te ayudará a encontrar un nuevo enfoque positivo y centrado en el avance. Cuando vayas agregando más seguridad a tu manera de pensar, sumando pensamientos positivos y afirmaciones poderosas y transformadoras, sentirás que los pasos se hacen más ligeros. Cargar con la adversidad ya es difícil, pero cargar con la falta de confianza hace que sea muy difícil y duro avanzar.

Construye tu confianza afirmación por afirmación y batalla a batalla, como quien tiene la posibilidad de construir el castillo de sus sueños, cada repetición será una piedra en la pared de tu hogar. Únelas con constancia y tendrás un hogar majestuoso y resistente que aguante cualquier embiste de la vida.

• La importancia de mantener las promesas y los compromisos

No solo con los demás, sino contigo mismo. Si te prometes iniciar algo, no lo canceles por miedo.

Por ejemplo, si te prometes darte un descanso luego de que pase un tránsito difícil y doloroso, bríndate ese descanso. O si te prometes un mimo, porque lo mereces, busca la manera de cumplir con ti mismo. Puedes cambiar el premio si se torna de imposible cumplimiento, pero no lo dejes pasar. No solo es importante para generar confianza el cumplir las promesas a los otros, sino a uno mismo.

Mi bisabuelo era considerado una persona "de palabra", el almacenero le fiaba sin necesidad de firma ni de nada y él jamás dejó una deuda sin pagar. Eso hacía que las demás personas confíen en él, pero principalmente fortalecía su confianza en sí mismo. Las promesas, los compromisos y los juramentos son el hilo que une el tejido social, nos movemos entre otros esperando que cumplan con los diferentes pactos sociales que nos unen.

Un conductor puede manejar su auto por una autopista porque sabe que los otros intentarán mantener sus carriles y tendrán un comportamiento conforme a la regla. Esto no es lo mismo que ser predecible y aburrido, la innovación es un talento y el romper los esquemas un elemento de la creación artística, pero cuando prometas algo o adquieras una obligación —principalmente contigo mismo— debes hacer todo por cumplirla.

Que tu palabra sea ley para ti, te hará confiar y, si tú confías, los demás irán confiando también y todo eso redundará en mayor seguridad y mejor desempeño en la adversidad.

• **Evitar las personas tóxicas**

En el último tiempo el concepto de "persona tóxica" ha aparecido mucho en la literatura especializada porque es una excelente forma de definir cierto tipo de personalidades. En mi libro sobre lenguaje corporal doy tips muy claros para identificar este tipo de personas, pero lo principal es identificar lo que hacen sentir en su interlocutor.

¿Te encuentras con alguien un rato y luego sientes un mayor peso en los hombros? ¿Quizás sientes vergüenza, miedo o asco? Las personas tóxicas se nutren de hacer que los otros se sientan incómodos en su propia piel. No es bueno tener ese tipo de sensaciones después de encontrarte con alguien y nadie te puede obligar a tolerar ese tipo de comportamiento nocivo.

Las personas tóxicas y los vampiros emocionales fortalecen sus propias energías al disminuir las energías ajenas. Una persona positiva, si siente que algo le va mal, intentará mejorar para recuperar su posición, mientras que una persona tóxica intentará fortalecer su posición al perjudicar a los demás haciéndolos sentirse mal.

Los niveles de toxicidad son tan diversos como las personas, incluso hay personas que por momentos parecen haberse levantado del lado incorrecto de la cama y en otros son un gran apoyo emocional, pero si después de interactuar con alguien te sientes mal contigo mismo, es preferible tomar distancia.

A veces los comentarios pueden ir desde la tía que siempre saluda a la gente haciéndole notar que subieron de peso, perdieron cabello o usan ropa de la temporada pasada, a personas que traen siempre a la mesa de discusión recuerdos dolorosos y llevan a otros a un confronte emocional innecesario solo para su disfrute. A veces las personas tóxicas son también sádicas y a menudo narcisistas, lo cual no tiene nada que ver con la confianza.

La persona narcisista puede parecer muy segura de sí misma, pero no es una persona confiada porque no conoce sus verdaderas cualidades y defectos. Su narcisismo apunta a ser valorado por los otros y a posicionarse por encima de los demás, no a confiar en sí mismo. La seguridad de las personas narcisistas y las sádicas radica en el espejismo de la percepción de sí mismos y suele ser más vulnerable de lo que parece. En realidad, son una casa construida con cartas y por eso viven desvalorizando a los demás. Mientras que la verdadera confianza implica también conocer los propios defectos y trabajar sobre ellos. La verdadera confianza es una casa construida con rocas.

Construye tu casa con rocas, confía en ti mismo y lograrás deshacerte de la influencia de las personas tóxicas, los vampiros emocionales y los narcisistas sádicos. Eso permitirá que tu avance hacia la seguridad personal sea cada vez más fluido y, a su vez, fortalecerá tu resiliencia porque tendrás el mejor aliado para enfrentar la adversidad: la mejor versión de ti mismo.

Conclusiones

Este libro ha sido un recorrido por los principales elementos que componen la resiliencia y las herramientas que necesitas para poder fortalecerla. Durante este recorrido, nos acercamos a este concepto desde la definición de Boris Cyrulnik y entendimos a la resiliencia como "la capacidad del ser humano para reponerse al dolor". También desmitificamos la idea de que la resiliencia es un ideal abstracto, reservado para pocas personas privilegiadas. La resiliencia está en ti y es una capacidad que puedes desarrollar con las herramientas adecuadas, las cuales fuimos viendo capítulo a capítulo. Vimos el concepto del "Mandala de la resiliencia" con sus siete pilares de independencia, capacidad de relacionarse, iniciativa, humor, creatividad, moralidad e introspección, e hicimos un recorrido por todos para que puedas ir incorporándolos en tu vida y dándoles el valor que corresponde.

Durante toda la lectura, la metáfora del marinero en su barco, enfrentando la adversidad como a una tormenta, nos fue acompañando como un fiel recordatorio de que es necesario que tomes el timón de tu vida. Puedes hacerlo, solo debes decidirte. Eres el capitán de tu barco, protagonista de tu vida, dueño de tu destino y comandante de tu ejército.

Y como comandante de tu propio ejército contra la adversidad, quiero compartir contigo un pensamiento del libro *El arte de la guerra* de Sun Tzu: "Conoce a tu enemigo y conócete a ti mismo; y en cien batallas, nunca saldrás derrotado. Si eres ignorante de tu enemigo pero te conoces a ti mismo, tus oportunidades de ganar o perder son las mismas. Si eres ignorante de tu enemigo y de ti mismo, puedes estar seguro de ser derrotado en cada batalla."

Por eso, le dedicamos un capítulo entero a identificar al enemigo —la adversidad en sus diferentes variantes— y otros capítulos a conocerte a ti mismo por medio de la introspección. Trabajamos los tipos de adversidad para que puedas identificar cuándo te enfrentas a una adversidad física, a una adversidad mental, a una adversidad social o del entorno, a una adversidad financiera, a una adversidad espiritual y/o a una adversidad emocional. Cada una es diferente y representa retos particulares, identificar el tipo de adversidad te permitirá "conocer a tu enemigo" y tener la mitad de las batallas ganadas.

También nos empezamos a adentrar en la introspección y otras formas de autoconocimiento como la reflexión, el conocimiento de los límites personales, la salud emocional y las metas de crecimiento, entre otros. Para no quedarnos en el pensamiento abstracto, te conté tres historias reales de lucha, triunfo y resiliencia ante la adversidad —ante diferentes tipos de adversidad—, y la de superación que llevaron adelante sus protagonistas gracias a la resiliencia.

Y continuamos desarrollando diferentes facetas del autoconocimiento, trabajamos el conocerte internamente y el desarrollar las herramientas que sientas que te faltan para alcanzar tu máximo potencial.

Iniciamos el siguiente capítulo con la pregunta "¿qué significa tener fuerza interior?" y desmenuzamos el concepto de "fuerza interior" en sus componentes de motivación y fuerza de voluntad, viéndolos respectivamente como la chispa que enciende una lámpara y el querosene que la mantiene encendida. La motivación también se relaciona con la creatividad, porque ambas son chispas, duran un segundo pero pueden tener el mundo ardiendo a sus pies si cuentan con el combustible adecuado. Ahora, ¿cómo desarrollar fuerza de voluntad y constancia? Con pequeños hábitos. Hablamos de la construcción de los pequeños hábitos que hacen grandes cambios y de su afianzamiento con la técnica de repetición por 21 días consecutivos.

Dentro del capítulo de fuerza interior, hablamos de las acciones necesarias para construir fuerza interior e hicimos un ejercicio rápido de *Mindfulness*, que no debería ocupar más de cinco minutos de tu día y que puede cambiar muy positivamente tu estado mental. De manera innovadora, te propuse trabajar el método MariKondo como forma de identificar los pensamientos nocivos e ir fortaleciendo la observación y la contemplación interna. Recalcamos la importancia de siempre estar desarrollando nuevas capacidades, incluso en la adversidad. A veces, lo que parece una pérdida de energía como aprender violín, cultivar un jardín, probar recetas nuevas o salir a pasear bajo la luna, funcionan como refugio y permiten fortalecer la capacidad de resiliencia al preservar un espacio privado donde la adversidad no irrumpe.

Y así como trabajamos la fuerza interior y la revalorización de los pequeños hábitos, la rutina e incluso el silencio, también nos dedicamos al rol del optimismo y el efecto que tiene en la psiquis. El rol del optimismo tiene que ver también con que nadie *quiere* desarrollar resiliencia, sino que tiene la *necesidad* de desarrollar resiliencia y, en situaciones donde el pensamiento negativo avanza asfixiante sobre las olas como la niebla, el pensamiento positivo es una brisa fresca.

El pensamiento positivo tiene un rol muy importante en la salud física y mental, y por eso no podía quedar fuera de este desarrollo. Es la herramienta con la que podrás levantar la cabeza para ver nuevas salidas. Sin una mentalidad ligeramente positiva, solo se observa el suelo y se van cerrando las posibilidades. También vimos formas de estimular el pensamiento positivo y de ir convirtiendo a tu mente en tu mejor aliado.

No quiero que olvides la importancia de la fuerza interior y del pensamiento positivo, ambas están interrelacionados entre sí y son vitales para la resiliencia. También vimos la adaptabilidad y la aceptación, que son otras habilidades necesarias para cuando resulta imposible cambiar las circunstancias externas. Te conté la historia de los dos viajeros con el viejo en la entrada del pueblo, la cual grafica claramente cómo la forma de ver el mundo condiciona el mundo en sí y cómo es necesario saber adaptarse con optimismo. Una adaptación con pesimismo está destinada al fracaso.

La relación de la adaptabilidad con el liderazgo también resulta importante para poder ver las grandes ramificaciones que tiene la resiliencia en el mundo moderno. Un líder es una persona con resiliencia y eso implica que es capaz de adaptarse a los cambios de circunstancias alrededor suyo sin desesperar.

Sobre las emociones como la desesperación, el miedo o la ira, es necesario conocerlas para cumplir con la idea de "conoce a tu enemigo y conócete a ti mismo", ya que su identificación es una forma imprescindible de autoconocimiento y si las conoces, como dice el libro de *El Arte de la*

Guerra, "en cien batallas, nunca saldrás derrotado".

En nuestro capítulo sobre emociones, nos centramos en las emociones cardinales y en qué las caracteriza, para que puedas identificarlas y canalizarlas adecuadamente. También, hablamos de la importancia de no reprimir las emociones, sino de conocerlas y aplicar la información que nos brindan a las reacciones voluntarias del capitán de nuestro barco. Cuando enfrentas la adversidad, ¿sientes alegría, tristeza, ira, miedo, asco o sorpresa? ¿Te cuesta identificar una emoción cardinal te toma el pecho o puedes hilar más fino e identificar una emoción más compleja? Y la pregunta más importante: ¿qué te dicen tus emociones en los momentos de adversidad? ¿lo escuchas o lo ignoras? Conoce y canaliza tus emociones, buscando siempre emociones de alta vibración para fortalecer tu entusiasmo y nutrir tus capacidades de resiliencia. Pero, si tienes emociones de baja vibración, no las niegues. Ambas son parte de ti y la comprensión es bondadosa, no negadora.

La mentalidad de la víctima se llevó un capítulo completo porque es un tema muy delicado y difícil de tratar. Cualquier persona que se haya visto identificada con la descripción de este tipo de mentalidad, tiene en sus manos una gran herramienta de autoconocimiento, porque reconocer nuestros defectos es la única forma de fortalecer nuestras virtudes. En el capítulo específico, diferenciamos la mentalidad de la víctima en el sentido más coloquial de "hacerse la víctima" y sus efectos nocivos para quien la padece, de la victimología y el estudio de los efectos de delitos en la psiquis de las personas. Es importante esta diferenciación porque es normal el uso de la palabra "víctima" con ambos significados y esto puede llevar a confusiones. Ambos casos presentan sus dificultades y ambos pueden beneficiarse del acompañamiento terapéutico de profesionales. Las personas que sufren, en cualquiera de ambas circunstancias, son capaces de recuperar el dominio sobre sus acciones y dejar de padecer la adversidad, y de ser resilientes. Te traje algunas herramientas para despertar la capacidad de actuar y sobreponerse a esta dificultad, pero no olvides ser bondadoso con tu mente y tu percepción del mundo. Es fácil criticar la manera de pensar de uno mismo cuando se entra en espirales de pensamiento descendente, pero eso no suma nada positivo. Para salir es necesario romper el círculo de padecimiento y tomar las riendas; sea buscando ayuda, enfrentando los fantasmas o tomando control de las propias emociones.

¿Y qué sería la resiliencia sin confianza? Nada, la resiliencia y la superación necesitan de la autoconfianza tanto como de la seguridad de que las cosas, tarde o temprano, saldrán bien. El pensamiento positivo toma un rol preponderante cuando vemos la confianza desde una perspectiva interna, pero ¿qué es lo principal cuando la confianza debe darse puertas para adentro? Aquí la fuerza interna toma el lugar del optimismo, porque a veces es difícil ver el propio valor.

La historia del joven que va con su maestro y este le ordena vender un anillo y un caballo, es otra forma de entender las diferentes formas en que se va erosionando la confianza y cómo reconquistarla. El único tasador habilitado para determinar tu propio valor, eres tú mismo. No busques opiniones externas porque corres el riesgo de preguntarle a ignorantes. Solo tú eres especialista en tus cualidades y defectos y, como tasador y dueño de la mercancía, debes siempre verla con su mejor valor.

Como vimos, la confianza es una emoción positiva, consciente y normalmente voluntaria, y que puede desarrollarse. Como si de un halo de luz se tratara, se manifiesta como la superación de las inseguridades y la espera de un futuro sin incertidumbres. La confianza es una forma de seguridad que fortalece y activa los mecanismos de resiliencia, y por eso le dedicamos un capítulo entero.

Para tener confianza, debes conocerte a ti mismo. Requiere observación y contemplación, porque una cosa es la confianza —la cual se basa en un conocimiento de las propias fortalezas y un trabajo consciente para identificarlas y desarrollarlas— y otra la soberbia. Trabajar la confianza es vital para tener resiliencia y poder superar las adversidades. Sin confianza, solo queda confiar en la suerte para superar la adversidad o esperar la llegada de un héroe o un príncipe que mágicamente solucione el problema.

El único o la única que puede superar la situación adversa frente a la que te encuentras, eres tú. Por eso es importante que deposites tu confianza en la persona con la capacidad de resolver el problema: tú.

Escribir este libro fue una aventura para mí y espero que, en cierta medida, también hayas sentido su lectura de la misma manera. Compaginar las experiencias y recursos acumulados durante una vida no es una tarea fácil, pero fue algo que me permitió conocerme con mayor profundidad. Por eso aquí va otro consejo: por haber pasado una situación adversa, no temas ponerte nuevamente en situaciones donde puedas afrontar nuevas adversidades. ¡Por el contrario! Los triunfos que lograste en el pasado, han nutrido tu capacidad de resiliencia y te encuentras mejor preparado para hacerle frente a lo que la vida ponga en tu camino. Anímate a iniciar nuevos proyectos, a viajar más lejos, a escalar más alto. No permitas nunca que la memoria de la adversidad te paralice, porque junto con la memoria de la adversidad está la capacidad de resiliencia lista para ser despertada nuevamente. Las posibilidades son tan infinitas como puedas imaginarlas.

Antes de despedirnos, te voy a pedir que vuelvas a la lista de cinco herramientas con las que enfrentas la adversidad del Capítulo Uno. En esa lista, te pedí que anotaras las cualidades con las que cuentas para hacerle frente a la adversidad, sean cualidades, personas que te nutren emocionalmente, incluso expresiones artísticas o lugares a los que vas para relajarte.

Ahora sabes que la resiliencia implica conocer a tu enemigo y a ti mismo, que abarca la fuerza interior con sus componentes de motivación y fuerza de voluntad, que también es optimismo y pensamiento positivo, adaptabilidad y conocimiento de las emociones, que es confianza. También sabes que todas esas capacidades están en tí para tomarlas, para usarlas y ejercerlas como el dueño legítimo de tu vida, ¿vas a desperdiciarlas? Recuerda el pensamiento positivo y la necesidad de reprogramar la mente, quiero que tomes una lapicera y ejerzas tu dominio sobre estas cualidades.

Son tuyas, te pertenecen. Puedes resumir toda las cualidades que antes nombré en "resiliencia" y ponerlas en el punto uno, porque ahora que sabes lo que es y cómo desarrollarla, solo debes ponerla en uso. O puedes esparcir los conceptos en la lista como mejor sientas que te representan, pero no los dejes en el aire. Anótalos.

Reclama estos conceptos, repasa los ejercicios, vuelve cuantas veces sea necesario sobre los diferentes desarrollos y reconquista tu vida. Tu barco es tuyo y de nadie más, no le pertenece a la tormenta, la tormenta es solo una circunstancia por la que debes navegar. Llegarás a buen puerto si confías en que tienes el mejor capitán de barco que se pueda tener y, aunque quizás no llegues al puerto que tenías proyectado, llegarás al lugar indicado porque así funcionan las tormentas. Nos cambian el rumbo, nos sacuden y nos hacen sentir cosas que no sabíamos que podíamos sentir, pero nos transforman en mejores marineros.

Enfrenta tu tormenta con las herramientas que puedas obtener de este libro y de todas las puertas que consigas abrir, junta todos los recursos que puedas conseguir y confía en que la tormenta no volcará tu barco, porque su capitán es el mejor capitán que puede tener y cuenta con todas las herramientas y capacidades para salir adelante y llegar a puerto.

Y cuando llegues a buen puerto, festeja. El descanso es merecido cuando el camino ha sido duro y solo tú sabes lo que te costó navegar los mares.

Y si te sientes con ganas de compartir tus aventuras, hazlo. La adversidad es una constante a la que siempre se termina enfrentando el ser humano. Contar historias, escribir libros, dar conferencias o solo narrar las peripecias de un mar embravecido, son formas de ayudar a otros con sus propias adversidades y de seguir trabajando el autoconocimiento. Porque puede que conozcas la esencia que habita tu interior en este momento, ¿pero conoces la de mañana? ¿conoces cómo será tu esencia luego de sobrevivir otra tormenta? El autoconocimiento es un camino que nunca se termina de recorrer y he ahí su belleza, el ser humano tiene la capacidad de siempre sorprenderse a sí mismo. Sorprenderse en lo que puede hacer, en lo que puede sentir, en lo que puede crear y en lo que puede enfrentar.

De un marinero a otro, de un luchador a otro, solo puedo tener buenos deseos para contigo: que nunca dejes de conocerte y de sorprenderte. Deseo que esa lista de cinco cualidades siga creciendo y que la página te quede chica, que la adversidad se convierta en tu amiga y en el cristal por el que proyectas tus yo del mañana, que seas cada vez más fuerte, que seas cada vez más resiliente. Tengo la seguridad de que así será.

Sinceramente,

Leticia Caballero.